„Wahr ist nicht was A sagt, sondern was B versteht“

Paul Watzlawik

Die Autorin:
Ulrike Handke (Berlin) hat langjährige Erfahrung als Lehrerin, Fachbereichsleiterin, Seminarleiterin, Referentin und Trainerin in der Erwachsenenbildung und Lehrerfortbildung in Deutschland und im englischsprachigen Ausland. Ihre beruflichen Schwerpunktthemen sind: Unterricht in heterogenen Gruppen, differenzierende Lernarrangements und Aufgabenformate, Schülerorientierung und kulturelle Sprach- und Verhaltensmuster.

Ulrike Handke

Mehr Erfolg im Unterricht

Differenzierung leicht gemacht

Mit Beiträgen von
Andrea Börner, Barbara Kirchner, Hannelore Lehmann,
Karin Petzold und Elke Schomaker

Diesterweg

Druck A[1] / Jahr 2016
Alle Drucke der Serie A sind im Unterricht parallel verwendbar.

Umschlagfoto: © fotolia/contrastwerkstatt
Illustrationen: Klaus Puth, Mühlheim
Herstellung und Umschlaggestaltung: Harald Thumser, Frankfurt am Main
Realisation: Daniel Harnett, Frankfurt am Main
Druck und Bindung: westermann druck GmbH, Braunschweig

ISBN 978-3-425-04546-7

Inhalt

Vorwort

Erfolg im Unterricht ist kein Zufall

Die Ziele:
✓ *Das Individuum fördern*
✓ *Die Gruppe nutzen*
✓ *Die Nerven schonen*
✓ *Hospitationen Sinn geben*
✓ *Überprüfungen erfolgreich und souverän erledigen*

Der Weg:
Schülerorientierung
✓ *durch einen Wechsel der Perspektive*
✓ *durch differenzierende Verfahren*
✓ *mit geringem Aufwand*
schon morgen umsetzen.

Warum dieses Buch ?
Weil jede Lehrerin, jeder Lehrer häufig professionelle Dissonanzen erlebt: Der eigene Anspruch ist vom Schulalltag niedergemacht worden, die von den Rahmenplänen geforderten Kompetenzen halten sich versteckt, das Methodenrepertoire hat sich auf ein eintöniges Rinnsal verengt. Man fühlt sich so gar nicht als „Lehr*kraft*", sondern sitzt erschöpft im Lehrerzimmer und brütet. Der Unterricht ist trotz guter Vorbereitung schlecht gelaufen. Zur letzten Rettung hat man einen Test schreiben lassen, dessen Korrektur heute Abend noch ansteht, was den Lebenspartner sicherlich verärgern wird. Im Dienstfach lag ein Zettel mit der Ankündigung einer dienstlichen Beurteilung und einer Hospitation von Praktikanten.

Dann kommt Kollege Schröder ins Lehrerzimmer und erzählt begeistert von seiner tollen Stunde. Die Schüler hätten motiviert mitgearbeitet! Er strahlt und spricht von seinem Traumberuf. Die anderen gucken peinlich berührt weg, spötteln oder fragen allenfalls halbherzig nach.

Trotzdem ist man beeindruckt. „Was macht der besser als ich? Warum ist er erfolgreicher? Warum fühle ich mich abgearbeitet, während der Kollege so gut gelaunt ist?"

Nun kann sein, dass alles ganz anders war. Vielleicht schönt der Kollege die nüchterne Wahrheit. Womöglich hat er die Klasse frontal zusammengestaucht oder Kunststücke aufgeführt. Vielleicht hat er sie mit Filmgucken oder „Ihr könnt früher gehen, wenn ihr ...“ bestochen. Aber es bleibt ein Stachel zurück: Es kann ja tatsächlich sein, dass er zu Recht zufrieden mit seinem beruflichen Alltag ist und dass er es in der Tat „richtig macht“ oder wenigstens besser. Wenn ja, wie gelingt ihm das? Und könnte man das auch machen?

Es lohnt sich, erfolgreiche Lehrer zu beobachten. Ich habe das viele Jahre lang in Lehrerzimmern und Schulhöfen getan und eine Liste mit möglichen „Indikatoren“ zusammengestellt, die sich individuell ergänzen lässt. Erfolgreiche Lehrer weisen einige (!) der folgenden Merkmale auf. Sie

- sind oft gelassen oder gut gelaunt und zeigen das in Körpersprache und Mimik,
- reden mit Schülern und Kollegen,
- sprechen über beruflich interessante Dinge und finden ihr Fach spannend,
- kommen selten auf den letzten Drücker und verlassen die Schule auch nicht fluchtartig, sobald es klingelt,
- werden von Schülern gegrüßt und grüßen zurück, oft namentlich,
- haben genug Kraft, um Konflikten nicht aus dem Wege zu gehen und sich einzumischen,
- sind höflich,
- achten auf ihr Äußeres (Haltung, Kleidung; auch liebenswerte Vorlieben für Farben, Mützen, Krawatten und Schuhwerk gehören dazu),
- empfangen Referendare und Kollegen bereitwillig bei sich zur Hospitation und arbeiten gerne zu zweit in einer Klasse,
- tauschen mit anderen Material und Ideen aus,
- berichten von Fortbildungen, Vorträgen, pädagogischen Reisen,
- zeigen sich großzügig (mit Urteilen über andere, mit Material, mit Lob).

Kollege Schulze wertet die Liste ab: „Zu äußerlich!“ Richtig, ich habe mit Absicht das ausgewählt, was man beobachten kann. Jedoch liegt die Wechselwirkung mit dem „Inneren“ auf der Hand. Sehen Sie sich einfach mal selbst im Kollegium um. Natürlich gibt es Ausnahmen und es müssen nicht alle Merkmale in Erscheinung treten.

Die Kolleginnen Schmidt und Müller sagen, das seien doch alles persönliche Eigenschaften, die nichts mit der Qualität professionellen Handelns und den entsprechenden pädagogischen Ansprüchen zu tun haben. Das stimmt nach meiner Erfahrung nur sehr bedingt. Wenn Schüler am Ende der Stunde nicht weglaufen, sondern weitermachen wollen, wenn der Unterricht so organisiert und die Lernumgebung so beschaffen ist, dass wir Zeit und Ruhe für Gespräche haben, uns Schülerarbeiten ansehen, eine Präsentation besprechen oder auch mal aus dem Fenster schauen können, dann wirkt sich dies auf unsere Nerven und unser Befinden, auf die zwischenmenschlichen Beziehungen und auf unsere „Außendarstellung" aus.

Kollege Schreiber wendet wie so oft ein, es komme auf Ziele und Inhalte an und nicht auf Kleidung, Gesichtsausdruck, Umgangs- und Unterrichtsformen. Er führt an, dass es Unterricht gibt, der durch die Inhalte lebt und in dem viele Schüler etwas lernen, obwohl das Methodenrepertoire dünn ist. Er verweist auf andere Stunden, in denen eine Methode die nächste jagt und die Schüler unzufrieden sind und meinen, nichts zu lernen.

Der alte Streit zwischen Inhalt und Form! Hier nur die Kurzversion einer Entgegnung: Methoden an sich haben in der Tat keinen Wert für uns. Jedoch meine ich, dass der schönste Inhalt und das anspruchvollste Ziel nichts nutzen, wenn sie keine Chance haben, sich den Gehirnwindungen unserer Schüler, die durch den Alltag in unserer Medienwelt vielfältig umworben werden, auch nur zu nähern. Lehrerverhalten, Kommunikationsformen, Aufgabenstellungen und Methoden sind Zugangsstrategien. Wenn man die richtige Wahl trifft, erschließen sie das Potenzial der Inhalte für die Entwicklung der Kompetenzen.

Die oben genannten Einwände sind nach meiner Erfahrung gängige Ausreden, um nichts zu verändern. Wenn Sie allerdings sagen, Sie brauchen keine Veränderung, weil Sie unterhaltsam unterrichten können, weil Sie kraft Ihrer Persönlichkeit alle Schüler in Ihren Bann ziehen, lebendig erzählen, streng gucken, differenziert loben, lustige Karikaturen an die Tafel malen und zur Gitarre lebhaft und ohne Scham intonieren und zur Not alle Chaoten durch lautes Gebrüll beeindrucken, wenn das so ist, dann brauchen Sie in der Tat nicht weiterzulesen, es sei denn, Sie fürchten, das nicht dreißig Jahre lang durchhalten zu können.

Als gestandene Lehrkraft ein Buch über Didaktik zu lesen ist kein Eingeständnis, dass Sie es nicht von selbst schaffen, professionell und effektiv zu arbeiten. Im Gegenteil: Die Voraussetzung für alle, die „es bringen", ist der Wunsch, das eigene Tun zu optimieren. Wie können wir „lebenslanges Lernen" verkünden, wenn wir uns selber als „fertig" (in jeder Beziehung) definieren?

Was bringt Ihnen also dieses Buch? Sie finden Unterrichtsverfahren und Aufgabenstellungen, die vielleicht auch für Sie den Unterschied ausmachen, meine englischen Freunde nennen das: *make a difference*. Auf der persönlichen Ebene geht es um den Unterschied zwischen beruflicher Befriedigung und frustrierter Erschöpfung, auf der professionellen Ebene um eine Veränderung der Perspektive, hin zu schülerorientiertem Lernen und Lehren.

Schülerorientierung bedeutet **erstens**, die Schüler im Unterricht dort abzuholen, wo sie sind, also hinzusehen, um welche Menschen es sich handelt, ihre Vorerfahrungen, ihre gesamte Lerndisposition mit einzubeziehen, sie als Persönlichkeiten zu respektieren und sie ernst zu nehmen.

So unterschiedlich sie sind, es gibt Gemeinsamkeiten, etwa die *Angst*,

- unsichtbar zu sein – „Der merkt gar nicht, ob ich da bin!"
- zu versagen – „Ich kann es schon wieder nicht!"
- keinen Wert zu haben – „Ob ich etwas sage oder nicht, ist egal!"
- abgelehnt zu werden – „Der hasst mich/Die machen mich fertig!"
- ausgeliefert und ohnmächtig zu sein – „Ich weiß nicht, warum das so passiert, die machen das einfach so!"

und das *Bedürfnis* nach

- Anerkennung (Lob, Macht, Einfluss, Respekt) – „Ich bin etwas wert!"
- Erfolg – „Das kann ich!"
- Freude und Unterhaltung – „Das mache ich gern. Das macht Spaß."
- Ausdrucksmöglichkeiten (Selbstwirksamkeit) – „Ich kann etwas machen, etwas bewirken."
- Selbstorientierung – „Ich weiß, wo es langgeht!"
- Sicherheit – „Ich habe keine Angst."

Damit korrespondieren die durchaus konkreten Vorstellungen unserer Schüler mit dem, woran man gute Lehrer erkennt (siehe S. 10) – man muss nur einmal in der Pause nachfragen[1]: Wir sollen:

- jedem eine Chance geben und fair sein,
- berechenbar sein,
- selbstbewusst, höflich und großzügig sein,
- unser Fach verstehen (Ahnung haben),
- gut erklären können,
- keinen langweiligen Unterricht machen.

Schülerorientierung bedeutet **zweitens**, durch Transparenz von Zielen und Werten den Schülern Orientierung zu ermöglichen und ihnen zu helfen, fachliche, persönliche und soziale Kompetenzen und Empathie zu erwerben, damit sie selber gesellschaftlich erfolgreich und wirksam werden können. Sie ist das Gegenteil von Willkür.

Schülerorientierung bedeutet **drittens**, Verfahren und Aufgabenstellungen zu verwenden, die uns einen wesentlich größeren Spielraum verschaffen und unsere Aufmerksamkeit nicht ständig durch eigene (Lehrer-)Aktivität binden und erschöpfen. Die Schüler sollen andauernd und ausdauernd aktiv sein, nicht die Lehrer.

Spätestens hier muss erwähnt werden, dass alle diese Merkmale – wie Sie längst erkannt haben – auch auf uns zutreffen. Auch wir wollen da abgeholt

1 Vergleiche: Wolfgang Mattes. Methoden für den Unterricht, Braunschweig 2002, S. 127

werden, wo wir sind. Auch Lehrer brauchen Anerkennung, Freude, Unterhaltung und Orientierung im Wust der täglichen Anforderungen und Belastungen. Ich bin davon überzeugt, dass wir über eine Schülerorientierung im praktischen Alltag zu einer Neuorientierung und Professionalisierung der Lehrerrolle kommen. Daher schließt sich so der Kreis.

Mit Unterstützung meiner Kolleginnen habe ich einige Gelingensbedingungen für erfolgreiches Lernen und damit erfolgreichen Unterricht und konkrete Umsetzungsvorschläge zusammengestellt. Ziel ist, ein höchstmögliches Maß an Zufriedenheit bei Lernenden und Lehrenden zu erreichen. Es sind dies die Eckpfeiler, die mir persönlich geholfen haben, in meiner langen Dienstzeit die Freude an diesem Beruf zu erhalten. Allerdings musste ich sie immer wieder mal durch Fortbildungen, Seminare und Gespräche aufpolieren, denn, wie gesagt, nach einer Weile versinkt man leicht im enger werdenden Kreis der Gewohnheiten.

Wenn Sie jetzt fragen, ob der Erfolg auch wirklich garantiert ist, muss ich jedoch mit einem Nein antworten, denn unsere Schüler sind nun mal nicht die „Black Box", die den Input in deckungsgleichen Output umwandeln. Sie sind Persönlichkeiten mit einem nicht immer leichten Eigenleben, mit jeder Menge emotionalem Gepäck, individueller Strukturierung und täglichen häuslichen Sorgen. Darum ist der Erfolg nicht garantiert, aber er ist wahrscheinlich, wenn auch in verschiedenen Gruppen in verschiedenen Ausprägungen, denn das ist ja das Spannende an unserem Beruf: Kein Tag ist gleich, kein Lernprozess vorhersagbar.

Alle Vorschläge sind in der Praxis erprobt und in verschiedenen Fächern einzusetzen. Sie brauchen keine oder nur kurze Vorbereitungszeiten, setzen Schülerorientierung um und erfordern unter Umständen nur eine veränderte Perspektive. Zu jedem Vorschlag finden Sie eine Angabe zum „Risikofaktor" (Erklärung siehe unten). Sie können alle Methoden leicht auf Ihre Unterrichtssituation übertragen und erweitern. Und allen gemeinsam ist, dass sie Schüler aufmerksam machen und aktivieren, nach dem Motto: Lehrer müssen passiv Betroffene zu aktiv Suchenden machen.

Zur Orientierung

Sie werden die in diesem Vorwort beschriebenen Eckpfeiler in der Abbildung auf Seite 14 als Überblick und in der Gliederung wiederfinden. Es liegt in der Natur der Sache, dass sich die Bereiche, die Vorschläge und die Aktivitäten nicht klar trennen lassen, denn alle Bereiche hängen zusammen und greifen ineinander. Daher haben wir die beschriebenen Aktivitäten den Eckpfeilern zugeordnet, die sie *überwiegend* charakterisieren.

Über jeder Aktivität finden Sie ein gleich bleibendes Schema für den schnellen Überblick. Die Kategorien sind allgemein bekannt, bis auf die Kategorie

DIFFERENZIERUNG
SPANNUNG
SELBSTSTÄNDIGKEIT
TRANSPARENZ
GRUPPENARBEIT
ERFOLG
ERLEBNISSE
KOOPERATION
VERSCHIEDENHEIT
Puth.

„Risiko“, die wir manchmal getrennt nach Schülern und Lehrern ausgewiesen haben. Sie schätzt die Befürchtungen und Ängste der Beteiligten ein. Die Lehrer fürchten, die Kontrolle zu verlieren („alle gehen über Tische und Bänke und ich kriege sie nicht mehr zusammen“), die Schüler haben Angst vor Druck durch andere, vor Gesichtsverlust und Blamage („alle lachen mich aus. XY wird mich fertig machen“). Vielleicht ist es eine gute Idee, zunächst Aktivitäten mit wenig Risiko auszusuchen und dabei in Kauf zu nehmen, dass ein geringer Risikofaktor oft auch einen geringeren Erlebnisfaktor beinhaltet.

Der nach dem skizzierten Verlauf beschriebene Kommentar liefert eine Begründung der Aktivität, nennt die Differenzierungsformen und kann hoffentlich nützlich für Ihre Planungen sein. Es mag sich mancher wundern, dass der *Selbstständigkeit* kein eigenes Kapitel gewidmet wurde, da dies in der Erziehung unserer Schüler wie in der Lehrerfortbildung eine zentrale Schlüsselkompetenz ist. Das liegt daran, dass selbstständiges Handeln **in allen** Aktivitäten vorkommt und dort – wenn auch in unterschiedlichem Maße – gefördert wird.

Was auch immer Sie für Ihren Unterricht auswählen: Lehrer sind so unterschiedlich wie Schüler und auch hier greift die Differenzierung. Wählen Sie die Methoden und Verfahren, die zu Ihnen, Ihren Lerngruppen und zu dem bisher aufgebauten Lehrer-Schüler-Verhältnis passen. Nach einigen Erfolgen können Sie sich dann schon mal „aus der Deckung trauen“, die „Komfortzone“ verlassen, um sich selber ein Lernerlebnis zu gönnen.

Dieses Buch ist wie alle Sammlungen von Konzepten, Ideen und Verfahren nicht im Alleingang, sondern in der Diskussion mit anderen und durch ihre Beiträge entstanden. Ich bedanke mich bei allen Lehreranwärtern des Schulpraktischen Seminars in Berlin-Reinickendorf und bei den Kollegen und Kolleginnen der Bettina-von-Arnim-Oberschule, insbesondere bei denen, die ihre eigenen Unterrichtsmaterialien zur Verfügung gestellt haben. Ich bedanke mich bei meinem Mann Matthias und bei meiner Tochter Lisa für geduldiges Feedback aus der Perspektive des Kollegen und der Schülerin.

Karin Petzold hat den Entstehungsprozess des Buches begleitet und mit Beiträgen aus ihrer Perspektive bereichert. Sie ist als Diplompädagogin in der gemeinsamen Erziehung tätig. Sie unterstützt und begleitet Kinder mit Behinderungen in der Regelschule. Diese Arbeit erfordert einen schülerorientierten Blick und ermöglicht vielfältige Unterrichtserfahrungen.

Die Ansprache wechselt zwischen den Geschlechtern; es ist jeweils auch das andere mitgemeint.

1. Spannung ... setzt alles in Gang

Millionen Zuschauer verfolgen allabendlich und weltweit Quizsendungen, obwohl die Fragen nur selten etwas mit der Bewältigung der realen Lebenswelt zu tun haben. Die Motivation ist hier deutlich *nicht* inhaltgebunden, vielmehr geht es um Spannung, Freude am Mitmachen, am Rechthaben, an der mentalen Teilhabe am materiellen Gewinn. Menschen wollen mitspielen und mitpokern – und zwar am liebsten mit Erfolg und ohne großes Risiko. Man sitzt also bequem und Erdnüsse knabbernd auf der Couch, während das „Opfer" vor der Kamera

stellvertretend schwitzt. Der risikofreudige Zuschauer wagt schon bei der Fragestellung ein „Klar! D ist richtig!“, der Vorsichtige denkt sich die Antwort nur. Wenn sie dann kommt, kann sich der eine mit „Hab ich doch gesagt!“ brüsten, der andere immerhin ein „Hätte ich auch gesagt!“ beisteuern. Wie auch immer – ein beliebiger Inhalt erzeugte Motivation, Interesse und Spaß!

Dies gilt es zu nutzen! Der Spannungsbogen beruht in diesem Fall auf einer Hypothesenbildung – eine unglaubliche Triebkraft für die der Motivation und dem Lernen förderliche Neugier. Sobald ein Impuls kommt, bilden wir aufgrund von Vorwissen, Vorerfahrungen und mentaler Gestimmtheit eine Idee aus. Das kann eine Vorstellung von Antworten, Wörtern, Texten, Bildern, Thesen, Situationen und Emotionen sein. Und sofort setzt die Neugier ein: Ist es wirklich so? Wir bilden Fragen[2], beantworten diese und vergleichen unsere Vermutung mit der Realität (oder mit dem, was uns als Realität angeboten wird). Manchmal tut das weh oder klappt nicht, dann passen wir die Realität der Hypothese an – aber das nur am Rande.

Sie können nun zu Recht sagen: Das machen wir doch andauernd, Hypothesenbildung findet in jedem sich fragend entwickelnden Unterrichtsgespräch statt. Eine Frage wird gestellt, im günstigsten Fall denken alle Schüler darüber nach, einer antwortet, alle überlegen, ob sie das auch gesagt hätten, und sind neugierig auf das Feedback. So ist es im Idealfall. Meist aber ist die Zeit zum Überlegen zu knapp und es sind keineswegs alle beteiligt. Weil die Angst vor der öffentlichen Blamage groß ist, lautet der vorherrschende Gedanke: Hoffentlich komme ich nicht dran!

In diesem Kapitel finden Sie darum nur methodische Verfahren zum Eckpfeiler „Spannung“, die die positiven Elemente transportieren, alle Schüler einbinden und die Gefahr einer Blamage minimieren. Die Beispiele heißen:

- „Predictaword“ oder: „Ich weiß, was du sagen wirst!“
- „Tee oder Kaffee?“
- „Das Richtig-Falsch-Diktat“

2 Vergleiche Josef Kraus, Was hat Bildung mit Gehirnforschung zu tun? In: Ralf Caspary (Hg.), „Lernen und Gehirn“: „... der, der fragt, lernt, weil er den Stoff fragend schon vorstrukturiert.“

1.1 „Predictaword“ oder: „Ich weiß, was du sagen wirst!“

Kompetenzen:	Vermutungen anstellen und verifizieren, Zwei-Minuten-Vorträge halten, Notizen machen
Anwendungsbereiche:	Einführung, Wiederholung
Klasse:	Fremdsprachen, auch DaF und DaZ (Deutsch als Fremdsprache und als Zweitsprache) ab 3. Lernjahr, andere Fächer ab 7. Klasse
Dauer:	20 bis 30 Minuten
Vorbereitung:	keine
Material:	Tafel oder Flipchart; Stifte und Papier für Notizen
Sitzordnung:	Frontal oder Hufeisen, Ausrichtung zur Tafel
Risiko:	für Lehrer gering, für den vortragenden Schüler hoch, für alle anderen minimal

Die Methode „Predictaword“ beruht auf Hypothesenbildung. Die Schüler sagen vorher, welche Wörter andere in einem Vortrag zu einem gegebenen Thema benutzen werden, und vergleichen die Vorerwartung mit dem Vortrag selber. Dabei werden Vorwissen, Begrifflichkeiten, grammatische Strukturen individuell umgewälzt und mit anderen abgeglichen.

Verlauf

Schreiben Sie das Thema an die Tafel, z. B.: „Was würdest du mit einer Million Euro tun? Was hast du am letzten Wochenende gemacht? Welche Eigenschaften sollte eine gute Freundin haben?“

Die Beispiele stammen aus dem Fremdsprachenunterricht, hier stellvertretend Deutsch als Fremdsprache bzw. Zweitsprache. In anderen Fächern stehen vielleicht solche Fragen an: Was erwartest du von dem heutigen Tag? Was weißt du über die Spinne? Welche Feinde hat die Kastanie? Welche Gründe führten zur Entstehung des Faschismus? Warum werden Abkommen zum Klimaschutz kontrovers diskutiert?

Nennen Sie jetzt die genaue Aufgabe, z. B. sollen die Schüler in einer Fremdsprache zwei Minuten über das Thema „Was würdest du mit einer Million Euro tun?“ sprechen. Ein Freiwilliger wird aufgerufen, er darf sich einen „Coach“ aus der Klasse aussuchen. Die Anweisung lautet: „Du hast jetzt zehn Minuten Zeit. Bereite einen kleinen Vortrag vor. Du kannst dir Notizen machen. Der Coach wird dir helfen und nachher neben dir sitzen. Wir rufen euch wieder herein.“

Dann werden Sprecher und Coach vor die Klassentür geschickt. Nachdem die beiden gegangen sind, fragen Sie die anderen: „Überlegt euch, welche Wörter er (oder sie) benutzen wird? Jeder schreibt maximal zehn Wörter in Einzelarbeit auf. Ihr habt fünf Minuten Zeit.“

Lassen Sie nun die Wörter nennen. Zwei aus der Lerngruppe schreiben sie an die Tafel. Es folgt die Phase der Verdichtung: „Wir werden jetzt diese Vorschläge auf 12 Wörter reduzieren, die dann die Meinung der Gruppe wiedergeben. Dazu hat jeder fünf Stimmen.“ Die beiden Schüler an der Tafel fragen alle Wörter ab, notieren die Anzahl der Meldungen hinter den Wörtern und ermitteln so die „Top 12“. Zusätzlich zu den gemeinsam als Gruppenergebnis ermittelten Wörtern darf jeder Schüler noch die zwei Begriffe aufschreiben, die er persönlich für wahrscheinlich hält, die aber bei der demokratischen Abstimmung durchgefallen sind.

Die Tafel wird umgedreht oder abgedeckt. Sprecher und Coach werden hereingeholt und der Sprecher hält seinen Vortrag. Der Coach sitzt daneben. Während des Vortrags haken die zwei Schüler an der Tafel die genannten Wörter ab. Schließlich folgen Würdigung, Aufklärung und Feedback für die Vortragenden:

1. Applaus
2. Aufklärung: Ihr wollt jetzt sicher wissen, was wir gemacht haben. Wir haben vermutet, welche Wörter ihr benutzen werdet, und auf folgende Wörter getippt. Wollt ihr mal sehen?
3. Feedback: Wir waren besonders beeindruckt von … Wir haben uns gewundert, dass ihr (nicht) … benutzt habt. Warum war das wohl so?

Variationen

1. Zu den Vortragenden: Der Freiwillige entscheidet sich dafür, die Sache alleine zu machen.
   Es werden zwei Personen (mit oder ohne Coach) nach draußen geschickt und nacheinander hereingeholt. Der Vergleich ist sehr interessant.
2. Zum Verdichten: Nachdem alle in Einzelarbeit ihre individuellen Tipps aufgeschrieben haben, setzen sie sich in Gruppen von drei oder vier Personen zusammen und verdichten ihr Ergebnis auf drei bis sechs Wörter, die an die Tafel geschrieben werden. Vorteil: Es wird noch mehr wiederholt.
3. Zum Abhaken: Alle schreiben die Wörter als Liste ab. Die Tafel wird abgewischt. Alle haken während des Vortrags ab.
4. Zur Erhöhung der Spannung: Bevor die Vortragenden hereinkommen, werden Wetten abgeschlossen, wie viele Treffer die Gruppe hat. „Jens, was glaubst du, wie viele dieser Wörter an der Tafel werden von Maren genannt werden?“ Wenn Jens auf drei Treffer tippt, werden Name und Zahl an der Tafel notiert (Jens: 3). Drei bis sechs weitere Schüler dürfen tippen.

5. Zur Wortschatzarbeit im Fremdsprachenunterricht: Nicht beliebige Wörter nennen lassen, sondern nach Wortarten gegliedert, z. B.: „Nenne drei Nomen, drei Adjektive, drei Verben und eine Konjunktion (außer ‚und'), die er benutzen wird."

Risiko

Für den Lehrer gibt es so gut wie kein Risiko. Die Schüler können frontal sitzen und werden still zuhören. Die Stunde verläuft sehr strukturiert: Es wird abgehakt und damit sind alle beschäftigt. Es gibt Erfolge, also sind alle zufrieden.

Manche Freiwillige empfinden es als angenehm, also ihr Risiko minimierend, wenn sie vorher Bescheid wissen, was die anderen im Raum machen werden. Die meisten schätzen es, einen Coach zu haben. Es lohnt sich, dem Coach seine Aufgabe genau zu erklären: „Du bist draußen eine Hilfe, damit Franziska einen guten Vortrag halten kann. Vielleicht kannst du bei Informationen und Formulierungen helfen. Drinnen sitzt du einfach daneben, du darfst nichts laut sagen, aber wenn Franziska stecken bleibt, flüsterst du ihr etwas zu."

Manche Schüler fühlen sich für ihren Coach jedoch verantwortlich und möchten diese zusätzliche Belastung lieber nicht. Am besten lässt man die Schüler, die sich ja freiwillig melden (sollten), das selber entscheiden. Wichtig ist der Applaus, wenn der kleine Vortrag beendet ist.

Kommentar

Obwohl diese Übung keinerlei Vorbereitungszeit erfordert, ist sie didaktisch außerordentlich wertvoll und funktioniert fast immer. Sie verbindet Personalisierung von Lernstoff (Ich kenne X und ich weiß, was sie sagen wird) mit dem Prinzip der Motivation durch Hypothesenbildung und Verifizierung. Das eigene Vorwissen und die Vermutungen über das Wissen und die Erfahrungen der Mitschüler werden in Beziehung gesetzt.

Diese Methode ist ein Musterbeispiel für innere Differenzierung. Alle kommen zum Zug, alle bekommen eine Chance: Die „Freunde"[3] unter den Lernerpersönlichkeiten genießen die persönliche Komponente, die „Professoren" lieben es, aufzuschreiben und zu sammeln. Die „Erfinder" haben ausgefallene Ideen, die sie sich als Zusatzpunkte notieren dürfen.

Indem die Wörter zunächst gesammelt werden, findet eine Wortschatzerweiterung durch den Wortschatz der anderen Teilnehmer statt und führt zu der Einsicht: Zusammen haben wir mehr und bessere Ideen! – Unterschiedlichkeit bereichert! Kooperation wird als nützlich erlebt.

3 Die Kategorien wie „Freunde", „Professoren" usw. werden in Kapitel 2.3 erklärt.

Eine Differenzierung nach Schwierigkeitsgrad ist offensichtlich. Starke und selbstbewusste Schüler können ihr Wissen und ihre Kompetenzen in einem Vortrag zeigen, weniger selbstbewusste können sachkundige Begriffe einbringen, die anderen lernen ohne aufzufallen und quasi nebenbei.

Man kann eine mentale und praktische Hilfe (Coach) in Anspruch nehmen oder die Sache im Alleingang erledigen, d. h., selbst eine Differenzierung nach Sozialform wählen.

1.2 „Tee oder Kaffee?“

Kompetenzen:	Entscheidungen treffen, gesprochene Aussagen verstehen oder bewerten und nonverbal umsetzen
Anwendungsbereiche:	Einführung, Wiederholung, Bewusstmachung, Kennenlernen, Überprüfen von Textverständnis
Klasse:	beliebig
Dauer:	10 bis 15 Minuten
Vorbereitung:	Raum ggf. umräumen, Markierung anbringen, Arbeitsblätter für alle bereitstellen
Material:	Kreide oder Klebestreifen für eine Markierung auf dem Fußboden, Arbeitsblätter
Sitzordnung:	leere Fläche ohne Tische und Stühle
Sozialform:	alle agieren einzeln im Raum
Risiko:	gering bis mittel

Die Aufgabenstellung „Tee oder Kaffee?“ zielt darauf ab, Entscheidungen zu treffen und Hypothesen zu bilden. Die Lernenden setzen sich mit Fragestellungen (Fakten und Meinungen) auseinander, zu denen sie Stellung beziehen müssen. Indem sie sich physisch im Klassenraum positionieren, stehen sie im wahrsten Wortsinn für ihre Meinung. Die vorherigen Einschätzungen (Hypothesen) werden nonverbal verifiziert.

Verlauf
Schreiben Sie die Anzahl aller anwesenden Schüler (minus 1 = Protokollant, siehe unten) an die Tafel und verteilen Sie an jeden ein Arbeitsblatt „Tee oder Kaffee?“ (siehe Beispiel auf Seite 25). Anhand der ersten beiden Fragen können Sie erklären, worum es nun geht: Jeder Schüler füllt für sich auf seinem Platz das Arbeitsblatt aus. Er schätzt individuell zu jeder Frage/Aussage ein, wie viele Mitschüler diese mit Ja beantworten werden. Wenn alle fertig sind, legen sie ihren Bogen auf ihren Stuhl und stehen auf.

Nun wird für das folgende Geschehen ein Protokollant benannt. Er notiert auf seinem Arbeitsblatt (hinter seinen Vermutungen), wie viele Schüler tatsächlich die Frage/Aussage bejahen.

Sie erläutern: Die Fensterseite bedeutet „Ja“. Wer den Satz bejaht, geht still auf diese Seite. Die Wandseite bedeutet: „Nein, dieser Satz trifft nicht zu!“ Sie lesen nun die Aussagen nacheinander vor, Ihre Schüler reagieren entsprechend,

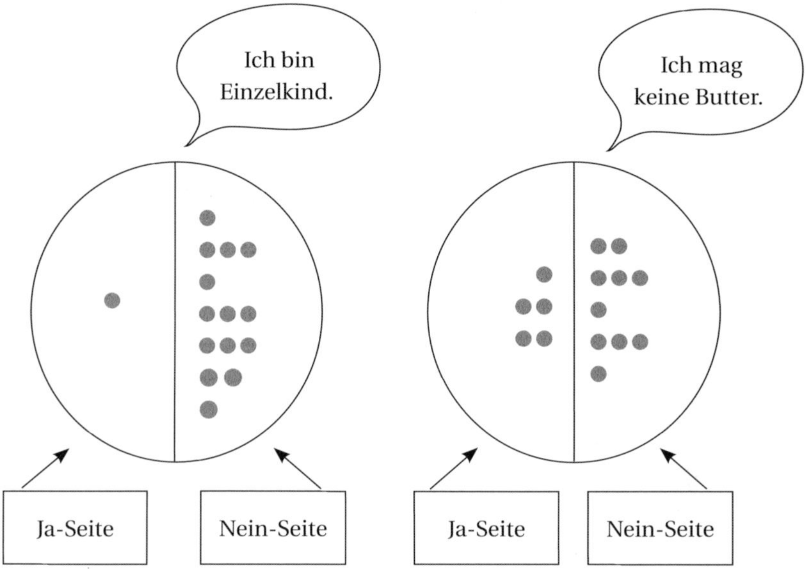

sie stellen sich auf die für sie zutreffende Seite des Raums. Der Protokollant zählt die Leute auf der Ja-Seite und trägt die Zahl auf seinem Bogen ein.
Wenn alle Fragen beantwortet sind, setzen sich die Schüler wieder hin und nehmen ihre vorher ausgefüllten Arbeitsblätter in die Hand. Der Protokollant liest die richtigen Antworten vor. Alle geben sich für jeden Treffer selber einen Punkt – am besten plus/minus 1. Wenn 6 als richtig genannt wird, bekommt man bei den eigenen Zahlen 5, 6, 7 einen Punkt. Sonst gibt es zu wenige Erfolgserlebnisse. Dann werden die Gewinner ermittelt und gewürdigt.

Variationen
Der Schwierigkeitsgrad des Arbeitsblattes kann sehr unterschiedlich sein. Bei unserem Beispiel schaffen die Verneinungen zusätzliche Schwierigkeiten. Die Übung kann aber auch ganz leichte Sätze enthalten. Hier ein Beispiel für Fremdsprachen, DaF und DaZ (der Übertragbarkeit halber auf Deutsch):
- Ich mag Himbeereis.
- Ich trinke gerne Milch.
- Ich esse gerne Spaghetti.

Durch Relativierungen kann man es schwieriger machen:
- Ich ziehe Himbeereis dem Erdbeereis vor.
- Abends trinke ich manchmal eine Tasse heiße Schokolade.

Variabel ist auch der didaktische Ort. Man kann die Übung z. B. als Sicherung oder Überprüfung nach einer Hörverstehensübung einsetzen. Dann würde Ihr Impuls heißen: „Ich lese Sätze vor, die sich auf den eben gehörten/gelesenen Text beziehen. Wer den Satz für richtig hält, geht auf die Fensterseite." In diesem Fall gibt es vorher kein Arbeitsblatt und keine Hypothesenbildung.

Inhaltlich sind viele Varianten möglich, siehe das Beispiel aus Geografie auf Seite 26. Es ist wichtig, dass keine moralischen Aussagen verwendet werden, z. B.: „Ich bin traurig über den Hunger im Sahel", weil sonst eine räumliche Trennung in „gute" und „schlechte" Menschen entsteht, was kontraproduktiv ausgehen kann.

Risiko

Das Risiko für die einzelnen Teilnehmer ist relativ gering, denn man muss ja nichts sagen. Allerdings muss man zu seiner Meinung stehen. Wenn ein Teilnehmer plötzlich auf einer Seite alleine ist und alle ihm gegenüberstehen, kann das Unbehagen oder Peinlichkeit auslösen. Wie immer kommt es auf die Gruppe und auf die Art der Fragestellung an. Wenn der Satz heißt: „Ich finde Eminem gut", geraten Ihre Schüler eventuell unter Gruppendruck und fürchten Hohngelächter. Je sachlicher die Fragestellungen sind, umso risikoärmer ist die gesamte Aktivität. Faktenwissen eignet sich für den Anfang am besten. Dabei ist es auch völlig egal, wenn einige Schüler sich nur als „Mitläufer" betätigen – auch dabei kann man etwas lernen.

Kommentar und Differenzierungspotential

Die Übung ist deshalb fast immer erfolgreich, weil sie wieder auf dem Spannungsbogen durch Hypothesenbildung aufbaut, der durch das Protokoll des „Total Physical Response" geschlossen wird. Kinästhetische Lerner und „Freunde" fühlen sich besonders angesprochen. Die Personalisierung des Lernstoffes, die Aneignung durch Beziehung auf sich selber und die anderen Lerner ist unwidersprochen deutlich.

Der Wechsel von einer stillen zu einer bewegten und dann wieder stillen Aktivität wirkt sich positiv auf die Aufmerksamkeit aus.

Arbeitsblatt „Tee oder Kaffee?“

Fach: Deutsch als Fremdsprache bzw. Zweitsprache/Fremdsprachen/Kennenlernen
Thema: Ich und die anderen

Aufgabe: Schätze! Wie viele Personen in diesem Raum werden die folgenden Fragen mit Ja beantworten?

Name: ______________________ *Hier eine Zahl eintragen:*

1. Ich trage heute Turnschuhe. ________
2. Ich habe oder hatte Geschwister. ________
3. Meine Großmutter lebt bei uns. ________
4. Als erstes Getränk am Morgen trinke ich Kaffee. ________
5. Ich mag keine Butter. ________
6. Ich mag Tee lieber als Kaffee. ________
7. Meine Lieblingsfarbe ist Blau. ________
8. Ich singe nur, wenn keiner zuhört. ________
9. Ich habe gestern Abend ferngesehen. ________
10. Ich weiß, wie die Hauptstadt von Mali heißt. ________
11. Bei der Fussballweltmeisterschaft sehe ich mir jedes Spiel an. ________
12. Ich finde , Fussballer verdienen zu viel Geld. ________
13. Ich kann mich bei Musik gut auf schriftliche Arbeiten konzentrieren. ________
14. Ich habe im Mai Geburtstag. ________
15. Ich war in diesem Jahr im Zoo oder im Tierpark. ________
16. Ich trinke Cola lieber als Mineralwasser. ________

Arbeitsblatt „Tee oder Kaffee?“

Fach: Geografie
Thema: Hunger im Sahel

Aufgabe: Schätze! Wie viele Personen in diesem Raum werden die Fragen mit Ja beantworten?

Name: ______________________________ *Hier eine Zahl eintragen:*

Wüsten sind faszinierend. __________

Ich war schon einmal in Nordafrika. __________

Ich habe im Fernsehen einen Film über die Sahelzone gesehen. __________

Ich möchte einmal nach Nordafrika fahren. __________

Meine Familie hat schon einmal für Menschen in Afrika gespendet. __________

Ich weiß eine Ursache für den Hunger im Sahel. __________

Ich weiß nicht, was Klimageografie ist. __________

Wüstenbewohner sind immer arm. __________

Entwicklungshilfe aus Deutschland für den Sahel ist sinnvoll. __________

Die Menschen im Sahel müssen sich selbst helfen. __________

Nomaden im Sahel haben sich gut den natürlichen Bedingungen angepasst. __________

Die Sahelzone ist überbevölkert. __________

In der Sahelzone kann man wenig anbauen. __________

Der Klimawandel wird sich in der Sahelzone besonders stark auswirken. __________

Politiker in aller Welt kümmern sich zu wenig um Afrika. __________

Arbeitsblatt „Tee oder Kaffee?“

Fach: Geschichte
Thema: Wiener Kongress

Aufgabe: Schätze! Wie viele Personen in diesem Raum werden die Fragen mit Ja beantworten?

Name: ______________________ *Hier eine Zahl eintragen:*

Fast alle Fürsten Europas folgten der Einladung zum Kongress nach Wien. ________

Für die Teilnehmer wurde ein Unterhaltungsprogramm organisiert. ________

An den Beratungen in Wien waren erstmalig Frauen beteiligt. ________

Es wurden Volksvertreter verschiedener Länder zum Kongress geschickt. ________

Nach dem Wiener Kongress gab es eine lange Friedenszeit. ________

Die Fürsten kümmerten sich wenig um die Belange des Volkes. ________

Es gab Staaten, die Gebiete abtreten mussten. ________

Die Position des Volkes verschiedener Staaten wurde auf dem Wiener Kongress gestärkt. ________

Die Deutschen erhofften sich wenig von den Ergebnissen des Wiener Kongresses. ________

Frankreichs Position wurde gestärkt. Die Deutschen waren mit dem Ergebnis des Kongresses zufrieden. ________

Preußen wurde vergrößert. ________

Der Kongress war eine wichtige Station auf dem Weg zur deutschen Einheit. ________

Der Kongress nutzte nur einigen wenigen Fürsten. ________

Russland und Preußen wurden Verbündete. ________

1.3 „Das Richtig-Falsch-Diktat“

Kompetenzen:	Entscheidungen treffen, gesprochene Aussagen verstehen oder bewerten und schriftlich umsetzen
Anwendungsbereiche:	Einführung, Wiederholung, Bewusstmachung, Kennenlernen
Klasse:	beliebig (man muss in der Zielsprache relativ flüssig schreiben können)
Dauer:	10 bis 15 Minuten
Vorbereitung:	keine
Material:	Papier und Stift, Arbeitsblätter
Sitzordnung:	beliebig
Sozialform:	Einzel- und Partnerarbeit
Risiko:	gering

Im Richtig-Falsch-Diktat entscheiden die Schüler für sich, ob sie einen vorgelesenen Satz richtig finden. Wenn ja, schreiben sie diesen Satz auf. Andernfalls nicht. Im zweiten Schritt schätzen sie, wie viele Sätze der Partner aufgeschrieben hat, und gleichen diese Vermutungen mit den Antworten des Partners ab.

Verlauf

Sie diktieren etwa 12 bis 20 passende Sätze zum Unterrichtsinhalt, die Sie vorher auf ein Arbeitsblatt geschrieben haben. Diese können sich auf die Teilnehmer beziehen, auf Fakten, auf Handlungen, auf Literatur.

Ihre Schüler notieren (auf einem leeren Blatt Papier) nur die Sätze, die sie für richtig halten.

Schüler finden sich zu Paaren zusammen. Das kann man z. B. mithilfe von Wollfäden organisieren: Bei 28 Schülern nehmen Sie 14 Wollfäden in die Hand und fassen sie in der Mitte. Alle schnappen sich ein Fadenende, dann lassen Sie los und immer zwei Partner haben sich gefunden.

Sie teilen das Arbeitsblatt mit allen Sätzen aus und formulieren den Arbeitsauftrag: Ratet mindestens fünf Sätze, von denen ihr glaubt, dass euer Partner sie als richtig aufgeschrieben hat. Formuliert sie schriftlich wie bei den beiden Beispielen oder schreibt die Zahlen auf. Tauscht die Arbeitsblätter und vergleicht, wie viele Treffer ihr habt.

Kommentar und Differenzierungspotential

Diese Übung enthält die tragenden Elemente von „Tee oder Kaffee?“, nämlich die handelnde Auseinandersetzung mit den Aussagen, eine starke Personalisierung und die Spannung durch Hypothesenbildung. Sie verzichtet darauf, die kinästhetischen Lernerpersönlichkeiten anzusprechen, dafür ist das Risiko sehr gering.

Man muss sich in keiner Weise „outen“, es entsteht auch keinerlei Unruhe, außer vielleicht kurz bei der Partnerwahl.

Arbeitsblatt „Das Richtig-Falsch-Diktat“

Fach: Deutsch als Fremdsprache bzw. Zweitsprache
(entsprechend für andere Fremdsprachen)
Thema: Es stimmt, dass ich Stechmücken hasse (Ich und die anderen)

Aufgabe: Ratet mindestens fünf Sätze, von denen ihr glaubt, dass euer Partner sie als richtig aufgeschrieben hat, markiert sie und formuliert sie schriftlich wie bei den beiden Beispielen. Tauscht die Arbeitsblätter und vergleicht, wie viele Treffer ihr habt.

1. Ich trage heute Jeans.
2. Ich habe braune Augen.
3. Ich koche manchmal für andere.
4. Ich habe im Winter Geburtstag.
5. Wir haben jedes Jahr einen Weihnachtsbaum.
6. Ich war noch nie bei McDonald's.
7. Ich benutze manchmal eine Wärmflasche.
8. Ich kann fliegen.
9. Wenn ich Angst habe, gehe ich ins Bett.
10. Ich finde Notlügen in Ordnung.
11. Ich hasse Stechmücken.
12. Ich kann Knöpfe annähen.
13. Ich mag Schildkröten.
14. Ich habe im Sommer Geburtstag.
15. Mein Vater ist jünger als 40.
16. Ich habe Höhenangst.
17. Ich bin Einzelkind.
18. Ich bin allergisch gegen Erdbeeren.
19. Ich lese abends im Bett.
20. Ich benutze jeden Tag das Internet.

Beispiele:

Hallo ____! *(Name des Partners eintragen)*

Ich weiß, dass du heute Jeans trägst.

Ich glaube, dass du noch nie bei McDonald's warst.

Arbeitsblatt „Das Richtig-Falsch-Diktat“

Fach: Englisch
Thema: Bend it like Beckham

True/False Dictation
(after reading the first chapter of „Bend it like Beckham“)

Guess the sentences that will be on your partner's sheet. Compare.

1. I am an only child.
2. I have an older sister.
3. I like big families.
4. I never lie.
5. I can cook.
6. I like Indian food.
7. I know Indian people.
8. I play soccer (football).
9. I think most football players are atrractive.
10. I would like to be a goalkeeper.
11. I think that Jess is a very brave girl.
12. I think Jess loves Pinky.
13. I think Jess is a Pakistani.
14. I think it is nice to get engaged before you get married.
15. I think „Bend it like Beckham“ is a story about a culture clash.
16. I think that Jules is a good friend.
17. I think girls should be allowed to play football.
18. I think Meena, Bubbly and Monica are stupid girls.
19. I think girls should learn how to cook.
20. I think everybody should learn how to cook.

Examples:

Hello, ______________________________

I know you have an older sister.

I've seen you playing soccer.

2. Verschiedenheit ... macht Schule

Als ich vor vielen Jahren selbst die Sexta des neusprachlichen Mädchengymnasiums besuchte, waren wir 52 kleine Mädchen in der Klasse. Fünf davon hießen Ulrike und wir fünf sprangen alle auf, wenn unser Name fiel. Das fand man allgemein in Ordnung, denn um die Rechte des Individuums machten sich unsere Lehrer keine Gedanken. Heute empfindet mein Schüler Niklas es als eine Verletzung der Menschenrechte, wenn ich seinen Namen mit C schreibe. Wir wurden als homogene Masse geführt und behandelt, Arbeiten und Aufgaben orientierten sich an einer fiktiven Durchschnittsschülerin. Wir riefen nicht: „Das kann ich nicht!" oder: „Ich bin fertig, was soll ich jetzt machen?", wir hielten still. Alle gleich zu behandeln galt bei unseren Lehrern (und unseren Eltern) als eine besonders gute Erziehungsmaßnahme. „Wir machen keine Unterschiede", sagten sie stolz. Gleichheit bedeutete Gerechtigkeit. Wenn Schülerinnen mit dem Gleichheitsverfahren Schwierigkeiten hatten, wurden sie aussortiert. In der Oberprima waren wir noch elf.

Das pädagogische Denken änderte sich in den Sechziger- und Siebzigerjahren. Das Individuum gewann auch in der Erziehung an Bedeutung. Die soziokulturellen und anthropogenen Voraussetzungen wurden bestimmt. „Programmiertes Lernen" und behavioristische Theorien wurden populär, Individualisierung äußerte sich in der Zumessung kleiner bis kleinster Häppchen nach individuellem Lerntempo. In meiner Ausbildungszeit brachte schließlich Frederic Vesters Buch „Denken, Lernen, Vergessen" die entscheidende Wende und uns Lehramtsanwärtern die unterschiedlichen Zugangskanäle (visuell, auditiv, haptisch) nahe.

Diese Entwicklung setzte sich fort: Akribisch wurden verschiedene Formen der menschlichen Wahrnehmung und der kognitiven Verarbeitung getestet. Es wurde viel von den „Lerntypen" gesprochen („haptisch" mauserte sich zu „kinästhetisch"). VAK (Visuell, Auditiv, Kinästhetisch) war vor allem im englischen Sprachraum beliebt, dann erschien Howard Gardner auf dem Plan und erklärte uns die multiplen Intelligenzen, zu denen täglich neue dazukamen und kommen: emotionale, geschlechtsspezifische, analytische, verbale usw. Die besonderen Potenziale der linken und rechten Gehirnhälften wurden entdeckt und vermessen.

In den Neunzigerjahren erlebten Tests zur Bestimmung der Lerndisposition einen Boom und man konnte im Internet Ankreuzbogen finden. Manche Lehrer testeten ihre Schüler mit Begeisterung und entschieden, zu welchem Typus sie gehörten. Sie teilten es ihren Schülern sogar mit, was dazu führte, dass diese jungen Leute beim nächsten Hörverstehenstest zu bedenken gaben, dass sie ja eher visuell lernten, und entsprechendes Material einforderten.

Für einige bemühte Kollegen entstand eine Ausgangslage, die das Recht des Individuums mit einem Anspruch auf einen exakt auf die individuelle Bedürfnislage abgestimmten Unterricht verband – und zwar möglichst für jeden Einzelnen im Raum. Viele von uns waren bestrebt, das Chaos der Ungleichheit durch viele kleine Schublädchen zu sortieren und in den Griff zu bekommen (interessant ist in diesem Zusammenhang der Artikel von Elisabeth Stern, „Schubladendenken, Intelligenz und Lerntypen“, in: Friedrich Jahresheft 2004, S. 36 ff).

Dieser Versuch musste im Schulalltag scheitern, weil

- die Sache nicht praktikabel und konsequent umsetzbar war,
- die Aufgabenstellungen des Lebens wenig Rücksicht auf Lerntypen nehmen – auch Auditive müssen das Kleingedruckte lesen,
- Menschen nicht ausschließlich in eine Kategorie passen,
- eine Erweiterung der Rezeption damit nicht gefördert wurde,
- wir alle andauernd lernen und sich daher unsere eigenen Lernvoraussetzungen ständig verändern,
- das Von- und Miteinanderlernen nur begrenzt möglich war.

Zudem änderten sich die Zeiten. Die englischsprachigen Länder fingen damit an und feierten alle Formen von Verschiedenheit: „We celebrate difference!" las man in Schulprogrammen. Man sprach von Synergie und den Segnungen unterschiedlicher Sicht-, Denk- und Lernweisen. Man wies interkulturelle, soziale und kommunikative Kompetenzen als Schlüsselkompetenzen aus, die nur mit Mitmenschen zu entwickeln sind, die eben anders sind, denn sonst ergibt sich keine Dynamik. Kurz: Von einem meist zähneknirschend ertragenen Übel, das man mit Mühe managen musste, verwandelte sich die Unterschiedlichkeit – wenn auch keineswegs flächendeckend – zu etwas Positivem.

Die Erkenntnisse über die unterschiedlichen individuellen Lerndispositionen sind damit keineswegs hinfällig. Wenn wir die zusammenarbeitende Vielfalt fördern wollen, müssen wir *allen* eine Möglichkeit geben „anzudocken". Wir haben die Aufgabe, eine Lernumgebung zu gestalten, die der Unterschiedlichkeit der Lernenden entspricht und ihnen Elemente bietet, sich wiederzufinden und ihren Lernprozess selber zu gestalten. Eine Kenntnis der unterschiedlichen Zugänge ist eine Grundvoraussetzung.

Bevor wir im dritten Kapitel zu sinnvollen methodischen Konsequenzen kommen, möchte ich Ihnen drei Übersichten vorstellen, die als Checklisten oder Wegweiser für die Gestaltung von Lern- und Arbeitsaufgaben oder ganzen Unterrichtsreihen hilfreich und praktisch sind. Sie umfassen

1. die multiplen Intelligenzen (nach Gardner) und ihre Berücksichtigung im Unterricht,
2. die „Vielseitigen Vier", die ich in den Kursen einer neuseeländischen Trainerin kennengelernt habe und die ich für außerordentlich praktisch halte,

und aus 1 und 2 resultierend

3. verschiedene Formen der Differenzierung, die sich in den meisten heterogenen Lerngruppen anbieten.

In allen Beschreibungen von methodischen „Unterrichtshighlights" in diesem Buch wird auf Begriffe aus diesen Übersichten Bezug genommen. Sie helfen, diese Highlights zu planen und zu begründen.

2.1 Multiple Intelligenzen und ihre Berücksichtigung im Unterricht

Die folgende Tabelle (siehe Seite 36) ist der Examensarbeit von Jessica Brandl entnommen (2002) und stellt exemplarisch Ideen zur Berücksichtigung multipler Intelligenzen im Unterricht vor. Sie erhebt nicht den Anspruch auf Vollständigkeit. Sie wurde mit Beiträgen aus Seminarpapieren von Lesley Moffat ergänzt. Die meisten Verfahren lassen sich mehreren Intelligenzen zuordnen. (Grundlage für diese Tabelle ist das Buch von Howard Gardner: Intelligences reframed – multiple intelligences for the 21st century, N.Y. 1999). Hier wurden konkrete Beispiele für den Englischunterricht angegeben, für andere Fächer finden Sie sicher schnell Entsprechendes.

Was bedeutet diese Auflistung für unsere praktische Arbeit als Lehrer? Sollen wir die Ideen sukzessive durchgehen oder hin und her springen? Auf die Mischung kommt es an – gemäß unserer heterogenen Schülerschaft wird Ihre Diagnose Sie mal in die eine oder mal in die andere Richtung weisen. Die meisten Lehrer gehören zu den linguistisch begabten Menschen, viele arbeiten auch gern ganz interpersonal – allein und sorgfältig.

Wir neigen dazu, unseren Stil auf andere zu übertragen, ja sogar, diesen von ihnen zu fordern. Wir wollen – weil wir es gut meinen – unsere Erfolgsgeschichte anderen überstülpen. Gerade deswegen ist die Kenntnis der unterschiedlichen Zugänge so wichtig.

Diese Kenntnis ermöglicht es uns, ganz bewusst andere Segmente einzubauen, damit alle Schüler das Gefühl bekommen können: Dieser Unterricht ist auch etwas für mich! Ich kann mich einbringen! Unsere englischen Kollegen nennen diesen Vorgang passend: Taking ownership.

Nutzen Sie die Tabelle also als Ideengeber für einen abwechslungsreichen Unterricht.

Intelligenzen	**Ideen**	**konkrete Beispiele für den Englischunterricht**
linguistisch	Schreiben von Texten, Dialogen, Geschichten, Briefen, Gedichten; zitieren; lesen; im Chor sprechen; Wortspiele; Lückentexte; Texte hören auf Kassette; Führen von Dialogen, Diskussionen, Unterrichtsgesprächen, Interviews; Vorträge; Bearbeiten von Arbeitsblättern	*odd word out* Bingo Domino *magic square* *name dropping* Wortschlangen *„hangman"* *multiple choice tasks*
logisch-mathematisch	Rätsel Zahlenspiele logische Puzzles Brettspiele Regeln Grafiken Raster	Kreuzworträtsel Silbenrätsel Suchworträtsel Buchstabensalat *magic square* Lippenlesen Zuordnung von Satzteilen *„hangman"* *multiple choice tasks*
räumlich-visuell	Einsatz von Fotos, Bildern, Symbolen, Videos, Bildergeschichten; Zeichnen, Collagen, Mindmaps farbliches Markieren von Lerninhalten	Vokabelverankerung im Raum *I spy with my little eye* Memory Domino
musikalisch-auditiv	Lieder singen, Jazz Chants rhythmisches Sprechen, Chorsprechen Einsatz von Kassetten, CDs, Instrumenten Hörverstehensübungen	*express delivery* *right/wrong sentences* Raps, Chants *mood music*
kinästhetisch	Bewegungsspiele Pantomime, Theater Körpersprache benutzen mit den Händen fühlen, anfassen, selber bauen, herstellen Wettbewerbsspiele	*Simon says* Rückenschreiben Pantomime
interpersonal	Brettspiele, Gesellschaftsspiele, Rollenspiele Dialoge, Interviews, Umfragen Partnerarbeit Klassenspaziergänge	*Find someone who …* *information gap activities* Interviews Faltblätter für die Partnerarbeit *fly swat*
intrapersonal	Arbeiten nach eigenem Tempo Einzelarbeit Tagebuch führen Hausaufgaben	alle Übungen für die Einzelarbeit

2.2 Die „vielseitigen Vier“ (Adressatengruppen)

Als ich in Neuseeland mit extrem heterogenen Lerngruppen konfrontiert wurde und ratsuchend der Kommunikationstrainerin Lesley Moffat meine Liste mit Intelligenzen zeigte, meinte sie: „Stimmt, das ist alles auch sehr wichtig, aber oft geht es einfacher. Zusätzlich zu den Wahrnehmungspräferenzen teilt sich die Menschheit beim Lernen in vier weitere Gruppen.“

Unten finden Sie die Charakterisierung dieser vier Gruppen: der Freunde, Professoren, Erfinder und Wissenschaftler. Nutzen Sie diese und fragen Sie sich – ganz gleich vor welcher Klasse oder Gruppe Sie stehen –, ob Sie alle vier ansprechen. Ich bin bisher sehr gut damit gefahren.

Die Freunde

Na und?

Sie sehen Unterricht und Schule als soziales und kommunikatives Ereignis. Gruppendynamik, Wohlfühlen, Interaktion und Gefühle sind zu beachten.

Die Professoren

Was?

Sie möchten Wissen und Fertigkeiten kompetent beherrschen. Sie brauchen harte Fakten, Informationen, Papiere, Tabellen.

Die Wissenschaftler

Warum?

Sie wollen Zusammenhänge verstehen. Dem kommt entgegen: Verbindungen herstellen, Regeln und Ableitungen formulieren.

Die Erfinder

Aber wenn …?

Sie wollen anpassen, erweitern, erforschen, anders machen, erfinden. Sie wollen Aufgaben und Informationen neu organisieren. Hier sind kreative Ausflüge gefragt.

Die folgende Viererbande wurde von Seminarteilnehmern benannt; auch diese Einteilung kann Ihnen bei der Unterrichtsplanung nützen.

Die Selbstbewussten  Sie brauchen eine Bühne.	**Die Schüchternen**  Sie brauchen Aufgaben ohne das Risiko der Blamage.
Die Wettkämpfer  Sie brauchen Herausforderungen.	**Die Nullbockler**  Sie brauchen Ermutigung, Erfolgserlebnisse und Unterstützung. Ihre Ausreden sollten Sie entkräften.

2.3 Verschiedene Formen der Differenzierung

Aus den vorigen Darstellungen ergeben sich Differenzierungsmöglichkeiten nach Lernerpersönlichkeit. Je nachdem, ob es sich um Visuelle oder Freunde handelt, brauche ich entsprechende Materialien und Aktionsformen. Jedoch zeigen sich im Unterricht weitere Notwendigkeiten: Die eine Schülergruppe ist fertig, die andere nicht. Die einen interessieren sich für Aspekte, die andere kalt lassen, die einen arbeiten flüchtig, die anderen langsam und genau. Es bieten sich also zusätzliche Kriterien für eine Differenzierung an, die in den nachfolgenden Vorschlägen Erwähnung finden. In diesem Buch werden folgende Differenzierungsformen berücksichtigt:

- Vorwissen
- Interesse
- Lerntempo
- Schwierigkeitsgrad
- Art und Grad der Hilfestellung
- Anzahl der Durchgänge
- Komplexität
- Umfang
- Sozialform
- Lernerpersönlichkeit

In Wechselwirkung zu diesen Differenzierungsarten steht die Entwicklung von Kompetenzen im methodischen, sozialen und personalen Bereich. Dazu gehören – ohne Perfektionsanspruch! – z. B. die Fähigkeiten

- auf andere höflich zuzugehen
- mit anderen etwas auszuhandeln
- zur Partnerarbeit (Kenntnis der Aufgaben des Partners, Unterstützung, Dialogpartner, Hilfestellung)
- zur Selbstkontrolle
- Entscheidungen zu treffen und Fehlentscheidungen in Kauf zu nehmen bzw. zu korrigieren
- sich an Zeitvorgaben zu halten
- Notizen zu machen
- laut vorzulesen.

Die im Buch beschriebenen Aktivitäten zeigen praktische Möglichkeiten für die oben genannten Differenzierungen. Bei den Beschreibungen finden Sie jeweils entsprechende Hinweise.

2.4 Gruppen- und Partnereinteilung nach Leistungskriterien

Bevor wir uns ab Kapitel 3 wieder der praktischen Umsetzung zuwenden, möchte ich Ihnen eine Möglichkeit vorstellen, wie Sie jederzeit und ohne Aufwand (!) Partner und Gruppen nach Leistung relativ homogen und heterogen zusammenstellen können. Voraussetzung ist, dass Sie zu Anfang einer Unterrichtssequenz Ihre Schüler nach Leistungsaspekten testen und ihnen dann die entsprechenden Karten (siehe Kopiervorlagen auf S. 42 f.) austeilen. Auf den Karten werden Tierarten verwendet, die Sympathie auslösen.

Das Prinzip erläutere ich Ihnen an einem Beispiel mit 16 Kindern. Sie brauchen die Kopiervorlagen von Seite 42. Durch den Leistungstest ermitteln Sie den Rangplatz, wobei 1 der beste, 16 der schlechteste Schüler ist. Die Schüler erhalten gemäß der folgenden Tabelle ihre Karten.

	blau	grün	rot	gelb
Tiger	1	2	3	4
Löwen	5	6	7	8
Pinguine	9	10	11	12
Delfine	13	14	15	16

Nun entstehen ganz einfach heterogene Vierergruppen, wenn Sie die Kinder nach Farben zusammenstellen, also alle blauen Tiere, alle grünen usw. Homogenere Gruppen erhalten Sie, wenn sie die Tierarten in jeweils eine Gruppe bitten, also alle Tiger, alle Löwen usw. Wenn mehr Schüler in einer Klasse sind, ergänzen Sie um weitere Farben und Tiere.

Eine zweite Möglichkeit der Partner- und Gruppenbildung wird durch drei Merkmale bestimmt. Dafür benötigen Sie die Kopiervorlagen auf S. 43. Jeder Schüler bekommt also eine Karte mit einer Tieridentität und den Merkmalen: klein/groß und weiß/schwarz. Wenn Sie mehr Karten benötigen, ergänzen Sie die Tierarten um Zebras und Leoparden. Sie verteilen die Karten nach dem Schema, wie es die Tabelle auf der folgenden Seite zeigt.

		weiß	schwarz
klein	Löwe	1	9
groß	Löwe	2	10
klein	Tiger	3	11
groß	Tiger	4	12
klein	Pinguin	5	13
groß	Pinguin	6	14
klein	Delfin	7	15
groß	Delfin	8	16

Homogene[4] Vierergruppen sind hier: weiße Löwen und weiße Tiger (klein und groß) – schwarze Löwen und schwarze Tiger – weiße Pinguine und weiße Delfine – schwarze Pinguine und schwarze Delfine.

Heterogene Vierergruppen bilden alle Löwen, alle Tiger usw. (ob klein oder groß, weiß oder schwarz).

Homogene Partner sind kleiner weißer Löwe und großer weißer Löwe, kleiner weißer Tiger und großer weißer Tiger usw.

Heterogene Partner finden sich, wenn alle kleinen Löwen, alle großen Löwen, alle kleinen Tiger usw. sich zusammentun. Oder Sie geben an: „Alle schwarzen Tiere suchen sich ein weißes Tier!"

Die Karten werden bis zur nächsten Leistungsüberprüfung behalten. Als Stigmatisierung empfinden auch die schlechteren Schüler diese Zuordnung meist nicht. Sie wissen ja ohnehin, wer welchen Leistungsstand in der Klasse hat – und beim nächsten Mal ist es wieder anders.

Wenn Sie nicht nach Rangplätzen vorgehen möchten, bietet es sich an, Karten mit Tieridentitäten nach dem Zufallsprinzip zu verteilen, um jederzeit wechselnde Gruppierungen herzustellen.

4 Es versteht sich von selbst, dass es homogene Gruppen nicht gibt. Es handelt sich bei diesem Begriff um Annäherungen.

Tieridentitäten (Karten)

1. Bunte Tiere

Blauer Löwe	**Grüner Löwe**
Roter Löwe	**Gelber Löwe**
Blauer Tiger	**Grüner Tiger**
Roter Tiger	**Gelber Tiger**
Blauer Pinguin	**Grüner Pinguin**
Roter Pinguin	**Gelber Pinguin**
Blauer Delfin	**Grüner Delfin**
Roter Delfin	**Gelber Delfin**

Tieridentitäten (Karten)

2. Schwarz-weiße Tiere

Kleiner weißer Tiger	**Kleiner schwarzer Tiger**
Großer weißer Tiger	**Großer schwarzer Tiger**
Kleiner weißer Löwe	**Kleiner schwarzer Löwe**
Großer weißer Löwe	**Großer schwarzer Löwe**
Kleiner weißer Pinguin	**Kleiner schwarzer Pinguin**
Großer weißer Pinguin	**Großer schwarzer Pinguin**
Kleiner weißer Delfin	**Kleiner schwarzer Delfin**
Großer weißer Delfin	**Großer schwarzer Delfin**

3. Differenzierung ... entlastet

Glauben Sie nicht? Da sind Sie nicht allein. Es gibt einige Begriffe in der Didaktik, die offenbar geradezu prädestiniert sind für unterschiedlichste Auslegungen. Aufgrund ihrer verschiedenen Wissens- und Erfahrungskomponenten verstehen die Kolleginnen und Kollegen unter *Differenzierung* gänzlich Verschiedenes (sehr passend!) und belegen diesen Begriff mit allen möglichen Schattierungen und Farben, wobei die düsteren vorherrschen.

Differenzierung erscheint oft als etwas Schweres, das man machen muss, weil die individuelle Förderung in den Schulgesetzen, in vielen Schulprogrammen und Leitbildern Einzug gehalten hat. Zwar müssen selbst die hartnäckigsten Verweigerer zugeben, dass auch ihre Lerngruppen heterogen sind und dass dies prinzipiell etwas Positives ist, trotzdem fällt ihnen bei Differenzierung keinesfalls Entlastung ein.

Die Frage „Wie hältst du es mit der Differenzierung?" – wir sprechen hier immer von innerer Differenzierung, denn auf die äußere haben wir in der aktuellen Unterrichtssituation meist keinen Einfluss – ist wie keine andere geeignet, jedem Kollegen und jeder Kollegin ein schlechtes Gewissen zu machen. Weil nämlich alle glauben, es unzureichend oder zu selten zu machen, um der Unterschiedlichkeit der jungen Leute tatsächlich gerecht zu werden, und weil viele nach dem Referendariat auch flugs damit aufgehört haben.

Auf einer Fortbildung zum Thema „Innere Differenzierung in heterogenen Lerngruppen" nannten die Teilnehmer zu diesem Begriff denn auch folgende Assoziationen:

- stressig
- anstrengend
- Überforderung (der Lehrkraft)
- Disziplinprobleme
- keine Zeit
- kaum machbar
- Mehrarbeit
- Chaos
- Gruppenarbeit
- viele Arbeitsbögen

- Materialschlacht
- zerstört mein Privatleben
- muss sein
- adressatengerecht
- ausbildungskonform
- etwas für das Referendariat
- schülerorientiert
- Antwort auf die Unterschiedlichkeit der Lerner

Ähnliches ist zu lesen in der „Fachdidaktik Englisch“ (Frank Haß (Hg.), Stuttgart 2006, S. 250 f.): „Viele deutsche Lehrer empfinden Unterricht in heterogenen Lerngruppen jedoch als besondere Belastung, als Überforderung, für die man ‚nicht ausgebildet‘ sei. Eine Erleichterung der eigenen Arbeit wird von den meisten Lehrern durch immer raffiniertere Selektionsverfahren zur äußeren Differenzierung erhofft. Formen der inneren Differenzierung und Individualisierung des Lernens werden von vielen Kollegen zwar als grundsätzlich wünschenswert erachtet, aber für den ‚normalen Unterricht‘ als nicht durchführbar abgelehnt.“

Brauchen wir vielleicht doch nicht zu differenzieren, fragen sich einige Kollegen hoffnungsfroh. Meine Antwort lautet: Doch, wir müssen es sogar, weil wir aufgrund aller fachwissenschaftlichen Erkenntnisse, Rahmenpläne und sonstigen Vorgaben dazu verpflichtet sind und homogene Gruppen sowieso nicht bekommen. Ohne Differenzierung haben wir ständig unzufriedene und undisziplinierte Schüler, die ihrem Unmut Luft machen, weil sie unter- oder überfordert sind, oder weil sie sich nicht angesprochen fühlen. Das führt zu Disziplinproblemen, zu Klagen und Unruhe. Unzufriedene Schüler erreichen zudem die Standards nicht, die vorgegeben sind, und all das macht uns selbst auch unzufrieden.

Also sollten wir wollen, was wir müssen, denn: Gelungene Differenzierung führt zu mehr Lehr- und Lernzufriedenheit. Glauben Sie mir! Ich kann Ihnen das versichern und möchte Sie zu zahlreichen Versuchen ermutigen. Keine Panik, Sie werden nicht „am Krückstock gehen“. Es ist auch anders möglich. Doch bevor wir uns den geeigneten Aufgabentypen zuwenden, müssen wir noch einige Irrtümer beseitigen. Einiges macht Binnendifferenzierung nämlich NICHT, und zwar:

- Binnendifferenzierung macht nicht gleich.
- Wenn sie gut ist, beschränkt sie sich nicht darauf, schwere und leichte Aufgaben anzubieten, sondern bezieht viele verschiedene Lernerpersönlichkeiten ein.
- Sie ist nicht an das Sandwichmuster „Plenum, Differenzierungsphase, Plenum“ gebunden.

- Sie macht nicht notgedrungen mehr Arbeit.
- Es ist keine Materialschlacht notwendig.
- Eine Gruppenaufteilung muss nicht immer sein.
- Es muss nicht jedes Mal eine Integrationsphase geben.

Wie soll es aber nun gehen? Da es ganz und gar unmöglich, unpraktisch und nicht unbedingt wünschenswert ist, für jede Lernbefindlichkeit die punktgenaue Aufgabenentsprechung zu finden, brauchen wir Aufgaben, die möglichst viele Schüler erreichen.

Nehmen wir das Bild der Verköstigung: Statt der vielen Tellergerichte, die individuell für jede Diät zubereitet und häppchenweise serviert werden, erstellen Sie ein schmackhaftes Buffet, das Sie entlastet, weil die Menschen selber herantreten, sich entscheiden und bedienen. Jeder wird nach seinem Geschmack satt und selig und hinterher – wie wir alle wissen – ist auch alles abgeräumt. Voraussetzung ist, dass jeder weiß, wo Besteck und Teller sind, dass man sich in einer Schlange anstellt, nicht drängelt und dass man nicht das Salatbesteck zum Essen benutzt.

Dann werden die Mahlzeiten für Sie wesentlich angenehmer, als wenn einzelne Gäste rufen: Mehr Kaffee! Ich mag das Ei nicht! Ich kann das Fleisch nicht schneiden! Ich habe doch gesagt, ich bin Veganer! Ich bin fertig! Ich möchte nicht neben Frau Müller sitzen!

Sie müssen nicht als Bedienung hin- und herflitzen und alle ruhig stellen. Sie sind besser dran, als für Vegetarier, Suppenkasper und Trennkostesser kleine Essgruppen einzuteilen und zu beliefern. Am besten ist es noch, wenn die Gäste selber etwas zum Buffet beisteuern, denn sie kennen den Geschmack der Mitgäste meist besser und es stärkt ihr Verantwortungsgefühl (siehe dazu die Übung *Fragen auf den Tisch*, S. 108 f.).

Was bedeutet diese Mittagstafel im Unterricht? Das Angebot muss bunt sein, damit für alle gesorgt ist. Jeder soll sich – wenn auch nicht in jeder Minute, aber doch oft – einbringen können. Es geht also um Aufgabenstellungen, die

- möglichst viele Schüler ansprechen und erfolgreich aktiv werden lassen,
- so gestaltet sind, dass Schüler thematisch miteinander im Gespräch bleiben,
- Schülern selbstständiges Arbeiten ohne Lehrerhilfe ermöglichen,
- ein offenes Anforderungsniveau anbieten,
- Wahlmöglichkeiten enthalten,
- in eine transparente Struktur eingebettet sind oder ein „Lerngeländer“ bereitstellen, sodass sich jeder problemlos orientieren kann,
- Schüler nicht ausgrenzen oder diskriminieren,
- andere Schüler als Ressource (Informationsträger/Hilfe) nutzen,
- mit Material ökonomisch umgehen.

Das liest sich schwerer, als es ist. Es gelingt mit großer Sicherheit, wenn Sie vorher mit den Schülern einige Kulturtechniken und „Essgewohnheiten“ eingeübt haben. Denn die Übungen setzen voraus, dass

- alle Beteiligten über ein Mindestmaß an sozialen und methodischen Kompetenzen verfügen, d. h. in der Lage sind, sich gegenseitig zuzuhören, Notizen zu machen, andere Meinungen und Äußerungen zu akzeptieren und Selbstkontrolle durchzuführen, Hilfen zu nutzen und lehrerunabhängig (zumindest alleine oder mit einem Partner) zu arbeiten. Keine Angst – ein Mindestmaß reicht für viele Übungen.
- der Lehrer den Lernprozess hinreichend antizipiert, sodass die Auswahl des Materials und die vorgeschlagene Struktur eigene Tätigkeiten der Lerner zulassen.

- Lehrer in der Lage sind, in Arbeitsphasen loszulassen, andererseits die Plenumsphasen so zu moderieren, dass sich die Ergebnisse (der Gruppen, Paare oder Einzelnen) im Plenum wiederfinden. Sie müssen auch in der Lage sein, einen Lehrervortrag zu halten, um neue Prozesse zu initiieren und die Überprüfung des Gelernten zu ermöglichen.

Der Gewinn für den Lehrenden ist, dass die Unterrichtsstunden weitgehend stressfrei verlaufen und man sich Dingen zuwenden kann, die man sonst in der Hektik der Pausen erledigen muss: Einzelgespräche, besondere Betreuung, Beantwortung von Fragen, Bürokratie.

Der Gewinn für die Lernenden ist, dass sie sich nicht dauernd beobachtet und bewertet fühlen, dass sie die Wirksamkeit von Kommunikation erleben und den „anderen Lerner“ wertschätzen, sowohl als Ressource (Informationsträger, Hilfe, Beistand, Ratgeber) als auch als kommunikatives Gegenüber, dessen Mitteilungen es wert sind, hinzuhören. Dass es sich hierbei um Schlüsselqualifikationen handelt, liegt auf der Hand.

Vieles davon machen Sie sowieso schon immer. Wenn Sie die gewohnten Elemente nur etwas anders zusammensetzen, kann sich die Unterrichtssituation bereits ändern. Alle Aufgaben in dieser Sammlung enthalten Hinweise auf Lernerpersönlichkeiten, die in den Aufgabenstellungen besonders angesprochen werden. Unsere Aufgabe ist es, in unserem Unterricht die bunte Mischung zu gewährleisten, Bedienungshinweise und Feedback zu geben.

Ich gehe in den Aufgaben nicht auf das Stationenlernen, Wochenplanarbeit und Lernbuffets ein. Darüber gibt es gute Literatur mit sinnvollen Vorschlägen (z. B.: Bauer, Lernen an Stationen, Berlin 1997). Die folgenden Aufgaben sind bescheidener. Sie machen wenig Arbeit, enthalten jedoch viel „Verzehrbares“ für jeden Geschmack.

Die Aktivitäten zu diesem Kapitel lauten:

- „Wer bin ich?“
- „Gleitender Übergang“
- „Schrift an der Wand“

3.1 „Wer bin ich?“

Kompetenzen:	Fragen stellen, Vermutungen anstellen, Erwartungen formulieren
Anwendungsbereiche:	Einführung in einen Text oder Sachverhalt; Wiederholung; Vorstellung
Klasse:	ab Klasse 5
Dauer:	20 bis 30 Minuten
Vorbereitung:	Tafelanschrieb
Material:	Tafel oder Flipchart, Stifte, Papier für Notizen
Sitzordnung:	frontal oder Halbkreis, Ausrichtung zur Tafel
Risiko:	keins

Die Motivation und die Spannung, die von dieser Methode ausgehen, beruhen auf Hypothesenbildung. Aus Bildern und Schrift an der Tafel konstruieren die Schüler mental einen Vortext, der mit eigenen Fragen, denen der Mitschüler und den Antworten abgeglichen und verifiziert wird. In diesem interaktiven Frontalunterricht stellen die Schüler die Fragen.

Verlauf

Vor der Stunde schreiben Sie Begriffe oder Zahlen an die Tafel (Flipchart), die Informationen bzw. Fakten zu einer (echten, historischen, literarischen) Person enthalten.

Das folgende Beispiel (siehe Seite 50) stammt aus dem Englischunterricht (hier sind die Begriffe auf Deutsch wiedergegeben). Zu meiner Person habe ich Informationen wie die Zahl und Namen meiner Kinder, mein Lieblingsreiseziel, eine bevorzugte Farbe, Lektüre usw. angeschrieben.

Wenn Sie dies nachmachen möchten, orientieren Sie sich an diesen Fragen: Waren Sie schon einmal …? Sind Sie gern …? Kennen Sie …? Interessieren Sie sich für …? Befolgen Sie …? Wie heißt …? Sie können diese Fragenanfänge auch an die Tafel schreiben.

Lisa
Rockmusik
Berlin-Frohnau
„Tea Bag“
Ulrike Handke
85
Milchkaffee
GI
Charlotte
Brooklyn
Saxofon
Neujahrsvorsätze
Wellington
31
15

Die Schüler sitzen frontal zur Tafel. Die Lehrerin gibt den Impuls: „Findet heraus, was diese Informationen bedeuten.“ Vermutlich werden die Schüler bald wissen, dass es sich um Informationen rund um Ihre Person handelt.

Jetzt sollen die Schüler Entscheidungsfragen stellen wie: Heißt Ihre Tochter Charlotte? Ist Ihre Mutter 85 Jahre alt?

Sie antworten mit Ja oder Nein und streichen den dazu passenden Begriff oder die Zahl durch. Vielleicht erzählen Sie noch etwas von Ihrer Mutter oder geben weitere Erklärung, z. B. dass Brooklyn nicht nur ein Stadtteil von New York, sondern auch von Wellington/Neuseeland ist.

Wenn alle Informationen durchgestrichen sind, ist die Übung zu Ende. Man kann aber noch etwas erzählen oder Verbindungen zwischen den Elementen herstellen.

In diesem Beispiel habe ich noch erzählt, dass GI nicht nur für einen amerikanischen Soldaten, sondern auch für „Goethe Institut“ steht.

Variationen

Sie können zur Einführung von Sachverhalten, Biografien, Geschichten, Romanen, Dramen ähnliche Tafelanschriebe gestalten, z. B. mit Protagonisten, Schriftstellern, Künstlern, historischen Persönlichkeiten. Hier ein Beispiel zu Mary Stuart:

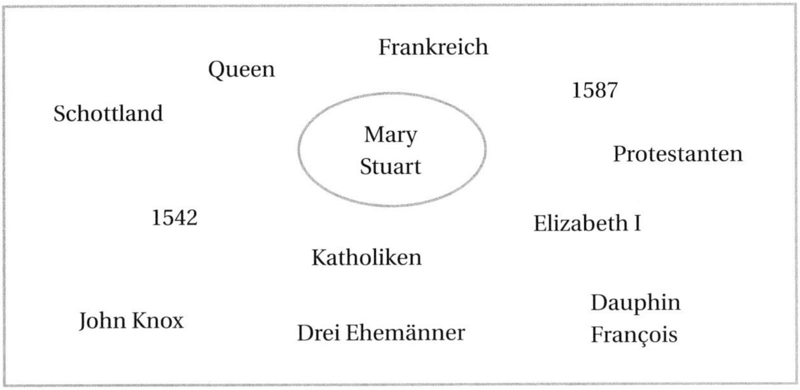

Kommentar und Differenzierungspotential

Die Lernenden formulieren Erwartungen. Sie stellen laut (oder mental) Fragen. Sie machen sich ein Bild von dem Sachverhalt, das sich durch die Fragen und Antworten der anderen ständig verändert, d. h. verifiziert wird.

Die Übung ist risikoarm. Als Schüler muss ich selber nichts fragen und kann trotzdem inhaltlich teilnehmen, indem ich meinen gedanklichen Vortext, meine Hypothese, ständig überprüfe bzw. neu formuliere – in der gleichen Art, wie sich viele Menschen von „Wer wird Millionär?“ angesprochen fühlen – sie formulieren eine Vermutung und warten nun gespannt, was die anderen sagen, und darauf, ob es stimmt!

Es entsteht eine Differenzierung nach

- Interesse (einen interessiert vielleicht die Figur besonders, weil er gerade ein Buch darüber gelesen oder einen Film gesehen hat; vielleicht macht jemand selbst Musik und spielt Saxofon usw.)
- Grad der Hilfestellung (man kann die vorgegebenen Frageanfänge benutzen oder sie ignorieren)
- Schwierigkeitsgrad (ein schwacher Lerner wird vielleicht nur fragen: „Ist Charlotte 85?“, und hat damit auch Erfolg)

Für Differenzierungsanfänger ist dies eine gute Übung, weil sie nach außen sehr traditionell geordnet und ruhig abläuft.

3.2 „Gleitender Übergang“

Kompetenzen:	schriftliche Arbeiten in Selbstkontrolle überprüfen, reproduzierendes bis problemlösendes Schreiben
Anwendungsbereiche:	Festigung, Wiederholung
Klasse:	ab Klasse 5
Dauer:	15 bis 40 Minuten (je nach Aufgabenstellung)
Vorbereitung:	Arbeitslätter herstellen, Lösungsbögen in der Klasse aushängen
Material:	Arbeitsblätter, Lösungsbögen an verschiedenen Stellen im Raum
Sitzordnung:	beliebig
Sozialform:	Einzelarbeit
Risiko:	keins

Im „gleitenden Übergang“ gleiten die Schüler nach individuellem Tempo von der Aufgabe zur Durchführung zur Selbstkontrolle und entsprechend zur nächsten Aufgabe. Für die Aufgaben erhalten sie ein Arbeitsblatt, das sie selbstständig bearbeiten.

Verlauf

Als Vorbereitung erstellt der Lehrer ein Arbeitsblatt für alle Schüler mit Aufgaben aus dem aktuellen Stoff, die für die gewünschten Arbeitsminuten ausreichen. Die Aufgaben werden in Basis- und Erweiterungsaufgaben aufgeteilt. Die Lösungen stehen für die einzelnen Abschnitte getrennt auf gesonderten Lösungsbögen, die im Klassenzimmer an den Wänden hängen. An der Tafel steht der Arbeitsauftrag:

- Bearbeite dein Arbeitsblatt in Einzelarbeit so weit wie möglich.
- Du hast X Minuten Zeit.
- Vergleiche die Ergebnisse mit den Lösungsbögen an den Wänden.

Alle Schülerinnen und Schüler arbeiten nach ihrem eigenen Tempo, einige werden nur die Basisaufgabe schaffen, andere einiges oder alles aus dem Zusatzangebot. Nach den vorgegebenen Minuten ist die Arbeitsphase in jedem Fall vorbei. Die Schüler dürfen – in Selbstkontrolle – ihre Ergebnisse mit denen auf den Lösungsbögen vergleichen, wenn sie einen Abschnitt geschafft haben. So erhalten sie schnell ein Feedback für ihre Arbeit, was den Lernerfolg fördert. Außerdem sieht die Lehrerin, wie weit die Einzelnen sind – einfach daran, wo im Raum

Schüler stehen und sich kontrollieren. Freie Aufgaben wie Zeichnen oder freies Schreiben werden im Plenum gewürdigt.

Variationen

Man kann mehr Aufgaben (Vor- und Rückseite) anbieten und länger arbeiten lassen. Im Unterschied zum Lernbuffet, bei dem man die Module variabel bearbeiten kann, ist hier die Reihenfolge zwingend: Jeder arbeitet von vorne nach hinten. Entscheidend ist, dass zu Anfang leichte Aufgaben zu erledigen sind, die ein Basiswissen oder eine Basisfertigkeit abprüfen, und sich der Schwierigkeitsgrad und die Komplexität dann steigern. Trotzdem ist auf die Eindeutigkeit der Antworten zu achten.

Als Variante kann man auch vorgefertigte Übungen oder Arbeitsblätter benutzen. Dann muss sich der Ablauf aus dem Tafelbild ergeben – z. B. so:

1. Arbeitsbuch, S. 27 Übung 3 (Lösungsbogen an der Tür)
2. Arbeitsbuch, S. 30 Übung 1 (Lösungsbogen hinter der Tafel)

——— bis hierher muss es jeder schaffen bis 10.30 Uhr ———

3. Arbeitsbuch, S. 31 Übung 2a (Lösungsbogen am Fenster)
   Für fehlerfreie Leistung nach Selbstkorrektur gibt es extra Punkte
4. Suche einen Partner und schreibe mit ihm gemeinsam ein „Elfchen“ mit der Überschrift „Sommer“

Kommentar und Differenzierungspotential

Dies ist das „klassische“ Verfahren für eine Differenzierung nach Umfang und Lerntempo. Es wahrt für noch ungeübte Lehrerinnen und Lehrer die Atmosphäre von Ruhe und Kontrolle und gewöhnt die Schüler an selbstständiges und eigenverantwortliches Arbeiten.

In Verbindung mit der Selbstkorrektur entspricht es der Erziehung zur Selbstständigkeit, entlastet den Lehrer und setzt ihn für andere Aufgaben frei. Durch die Lösungsbögen kann jeder die Aufgaben lösen. Alle Schüler können zwischendurch ohne Papier zu den Lösungsbögen hingehen und sich die Antwort merken. Dieser Gang durch die Klasse entlastet vor allem die bewegungsfreudigen Schüler.

Angesprochen werden jedoch im Wesentlichen die „Professoren“, die intrapersonal veranlagten Menschen. Aber auch die „Wettkämpfer“ sehen hier eine Möglichkeit zu punkten.

Oft setzt diese stille Aktivität einen ruhigen Kontrapunkt im Unterricht. Das relativ schnelle, selbst verschaffte Feedback ermöglicht ein Erfolgserlebnis, nämlich viel geschafft zu haben.

Arbeitsblatt „Gleitender Übergang“

Fach: Mathematik, 7. Klasse
Thema: Textaufgaben

Bearbeite folgende Aufgaben schriftlich und schau anschließend auf den Lösungsbögen nach.

Paul und Paula brauchen CD-Rohlinge. Das Angebot ist groß. Sie finden Einzel-CDs zum Preis von 0,85 €, eine 25er-Spindel für 19,99 € und eine 50er-Spindel für 36,95 €.

1.
a) Paul kauft drei CD-Rohlinge. Welchen Betrag muss er an der Kasse zahlen?
b) Paula will für alle 20 Mitschüler in ihrer Klasse die Fotos von der Klassenfahrt auf eine CD brennen. Berate Paula beim Kauf.
c) Berechne jeweils den Einzelpreis eines CD-Rohlings für die 25er-Spindel und für die 50er-Spindel.

☺ *Super! Du hast alle Basisaufgaben geschafft! Vergleiche deine Lösungen mithilfe der Lösungsbögen. Weiter geht's:*

2. Ist die Zuordnung der Anzahl der Spindel zum Preis proportional? Begründe.

☺ ☺ *Ausgezeichnet, du bist schnell! Vergleiche deine Lösungen mit den Lösungsbögen.*

3. Paul benötigt 45 CD-Rohlinge. Berate ihn beim Kauf. Rechne ihm die Sache schriftlich vor.

☺ ☺ ☺ *Das war nicht so einfach. Vergleiche auf den Lösungsbögen, ob deine Beratung ähnlich war.*

Noch zwei Aufgaben für sehr Schnelle zum Knobeln:

4.
a) Paul behauptet: „Wenn ich die 50er-Spindel kaufe, dann spare ich gegenüber der 25er-Spindel je CD-Rohling 10 Prozent des Preises.“ Stimmt das?
b) Die Firma Silver plant, eine 100er-Spindel auf den Markt zu bringen. Überlege dir einen sinnvollen Preis. Schreibe deine Überlegungen ausführlich auf.

Lösungsbogen „Gleitender Übergang"

Schneiden Sie das Blatt in vier Lösungsteile auseinander und hängen Sie diese im Klassenzimmer an unterschiedlichen Stellen auf.

1.
a) 3 · 0,85 € = 2,55 €; Paul zahlt an der Kasse einen Betrag von 2,55 €.
b) 20 · 0,85 € = 17,00 €. Wenn Paula 20 einzelne CDs kauft, zahlt sie 17,00 € und hat zu jeder CD eine feste Hülle. Die 25er-Spindel ohne Hülle kostet dagegen 19,99 €.
c) 19,99 € : 25 = 0,7996 € = 0,80 €.
36,95 € : 50 = 0,739 € = 0,74 €.

2.
Die Zuordnung der Anzahl der CD-Rohlinge zum Preis ist nicht proportional.
Mögliche Begründungen:
a) Je mehr CD-Rohlinge auf einer Spindel sind, desto geringer ist der Preis für eine CD: Einzelpreis 0,85 €, 25er-Spindel/Einzelpreis 0,80 €, 50er-Spindel/Einzelpreis 0,74 €.
b) Wenn die Zuordnung proportional wäre, müsste die 50er-Spindel doppelt so teuer sein wie die 25er-Spindel. Es sind aber 19,99 € · 2 = 39,98 € und nicht 36,95 €,

---

3.
Wenn Paul 45 einzelne Rohlinge kauft, zahlt er 38,25 €.
Wenn Paul die 25er-Spindel und zusätzlich 20 einzelne Rohlinge kauft, zahlt er:
20 · 0,85 € + 19,99 € = 36,99 €. Das sind 4 Cent mehr als der Preis für die 50er-Spindel.
Wenn Paul häufiger CDs brennt, lohnt sich für ihn der Kauf der 50er-Spindel. Wenn nicht, sollte er die 25er-Spindel und 20 Einzelrohlinge kaufen.

4.
a) Einzelpreis 25er-Spindel: 0,80 €; Einzelpreis 50er-Spindel: 0,74 €
Prozent: 0,74 € : 0,80 € = 0,925 = 92,5%, 100% – 92,5% = 7,5%
Pauls Behauptung stimmt nicht. Er spart nur 7,5%.
b) Mögliche Überlegungen und Preise:
Einzelpreis: 0,85 €, Einzelpreis 25er-Spindel: 0,80 €, Einzelpreis 50er-Spindel: 0,74 €.
Differenz: 0,05 bzw. 0,06 €. Setzt man dies fort, wäre ein angemessener Einzelpreis für eine 100er-Spindel 0,74 € – 0,07 € = 0,67 €. Die 100er-Spindel könnte dann 67 € kosten.
Aber auch andere Preisvorschläge, die rund um 67,- € liegen, wären angemessen, z. B. 25er-Spindel: – 0,05 €, 50er-Spindel: – 0,06 €, 75er-Spindel: – 0,07 €, 100er-Spindel: – 0,08 €;
0,74 € – 0,08 €= 0,64 €; also ein Gesamtpreis von 0,64 € · 100 = 64,- €.

3.3 „Schrift an der Wand“

Kompetenzen:	Wörter merken und Orten zuordnen; Zuhören
Anwendungsbereich:	Festigung
Klasse:	ab Klasse 5
Dauer:	5 Minuten
Vorbereitung:	Wortkarten schreiben und im Raum anbringen
Material:	Wortkarten an der Wand
Sitzordnung:	alle stehen auf einer freien Fläche
Risiko:	gering bis mittel

Diese Methode spricht durch Positionierung der Lernwörter im Klassenzimmer die räumliche und visuelle Intelligenz an und ermöglicht eine besondere Form der mentalen Verankerung.

Verlauf

Im Raum sind an verschiedenen Stellen Karten mit einzelnen Begriffen aufgehängt: an der Tafel, an der Tür, am Fenster, an der Pinnwand usw. Es ist sinnvoll, dass die Schilder verschiedene Formen und Farben haben, um zusätzliche visuelle Anker zu bieten.

Diese Aktivität funktioniert für jedes Fach, für jeden Inhalt, z. B. können folgende Begriffe auf den Schildern stehen:

Deutschunterricht	Erdkunde	Englisch
Lustig	Treibhauseffekt	Live with my mother
Albern	Saurer Regen	Live at home
Freundlich	Luftverschmutzung	Does not live at home any more
Arrogant	Klimawandel	Are divorced
Romantisch	Versteppung	Are separated
Böse	Ozonloch	Stepmother
Laut	Überdüngung	Half sister
Nervös		Only child

Die Lehrerimpulse kennzeichnen die Lernschritte:

1. Merkt euch, wo welches Schild hängt. Ihr habt eine Minute Zeit.
2. Schließt jetzt die Augen. Wenn ich nun einen Begriff nenne, zeigt ihr dahin, wo ihr das passende Schild in Erinnerung habt. Ihr macht dann die Augen auf und schaut, ob ihr Recht habt. Dann kommt der nächste Begriff.
3. Wer möchte meine Rolle übernehmen? (optional)

Variationen

Das Ganze hat auch ohne TPR (Total Physical Response = man reagiert nur mit dem Körper, nicht verbal) einen positiven Effekt. Allein die Tatsache, dass Wörter verteilt im Raum hängen, hilft vielen Lernern. Sie erinnern sich an ein Wort noch nach Wochen, indem sie sich zunächst an den Ort erinnern („das war doch der Begriff hinter der Tür“).

Man kann dieses Verfahren auf alle Begrifflichkeiten übertragen. Man nehme etwa die sieben schwierigsten Begriffe der kommenden Woche und hänge sie aus. Sehr gut funktionieren die „Wörter der Woche“ auf einem Schild links oben an der Tafel.

Kommentar und Differenzierungspotential

In dieser Übung wird die räumliche Intelligenz mit Total Physical Response verknüpft. Dies kommt vor allem den kinästhetischen Lerntypen nahe. Es ist auffallend, dass die meisten Unterrichtsprozesse die räumliche Intelligenz nicht nutzen, dass wir den Raum nicht als Anker benutzen, obwohl diese Formen der Erinnerung hochwirksam sind. Man denke nur daran, dass man den verlorenen Schlüssel leichter wiederfindet, wenn man den Weg noch mal geht.

Auch wenn die Schilder mit den Begriffen abgehängt werden, erlebt man, wie die Lerner eine Stelle der Wand fixieren und die Wörter aus dem Gedächtnis von dort „ablesen“. Es lohnt sich, mit Schülern im Anschluss Gespräche über Strategien für das Lernen zu Hause zu führen. Einige meiner Schüler haben danach angefangen, schwierigen Lernstoff auf gelben Klebezetteln in ihrem Zimmer zu verteilen, und berichteten von großen Erfolgen.

4. Alle
... unterrichten alle

Sobald die Forderungen nach Schülerorientierung, Kooperation und Selbstbestimmung laut werden, denken die meisten von uns an Schüler, die in Gruppen oder als Partner arbeiten. „Plenum“ wird mit „Frontalunterricht“ gleichgesetzt, die Arbeit in der ganzen Gruppe meist methodisch als fragend entwickelndes Lehrergespräch gesehen. Dabei bietet die Lerngruppe in ihrer Gesamtheit zur Wiederholung, zur Aktivierung und zum Abgleich von Vorwissen, zur Herstellung von authentischer Kommunikation einen großen Teil von dem, was wir für einen dynamischen Lernprozess brauchen: einen Wissens- und Meinungsschatz, unterschiedliche Persönlichkeiten, unterschiedliche Erfahrungen, interessante Gesprächspartner (oft interessanter als die Lehrer).

Was vorher Chefsache (gleich Lehreraufgabe) war, liegt nun bei der Gruppe selber. Wenn man die Gruppe intelligent nutzt, hat man nicht nur selber weniger Arbeit, sondern stärkt das Lernklima und die Selbstkompetenz der Schüler. Denn alle laufen als fröhliche und selbstbestimmte Wissensträger oder Informationsbeschaffer allein, zu zweit oder in Gruppen herum, um sich Informationen zu beschaffen und zum Informations- oder Meinungsbild beizutragen. Die Lehrerin kann teilnehmen und dadurch intensiv beobachten und Leistungsstärken und -schwächen wahrnehmen. Sie kann aber auch eine Kleingruppe organisieren oder die Zeit nutzen, um mit Schülern Einzelgespräche zu führen, Einträge im Klassenbuch nachzuholen oder um aus dem Fenster zu sehen, um neue pädagogische Kraft zu sammeln.

Die Arbeit sieht so aus, dass entweder jeder jeden fragt oder dass man dies zu zweit tut oder dass man in kleinen Gruppen herumzieht (siehe Methode „Weitergehen“). In jedem Fall gibt es eine Vielzahl von Vorteilen:

1. Der Aufwand für uns Lehrer ist relativ gering.
2. Die Schüler arbeiten selbstständig.
3. Wir können Einzelne beraten und beobachten, Organisation erledigen oder uns auch mal ausruhen.
4. Alle bleiben miteinander im Gespräch.
5. Es gibt ein Ergebnis für jeden.
6. Jeder hat mit vielen anderen Menschen verbale Interaktion.

7. Die Begegnungen sind kurz, knapp und sozial wenig riskant, Ausgrenzung ist nicht zu befürchten.
8. Die situativen Lernerlebnisse verankern sich im episodischen Gedächtnis.
9. Die Informationen werden an Personen gebunden und erhalten dadurch eine zusätzliche Verankerung.
10. Jeder hat Wahlmöglichkeiten.
11. Jeder darf Entscheidungen treffen.
12. Keiner bleibt ohne Hilfe.
13. Jeder hat von den anderen profitiert.
14. Keiner blamiert sich.
15. Für alle ist etwas dabei.
16. Jeder macht mit, so gut er kann.
17. Man muss nicht still sitzen.

Die Aktivitäten zu diesem Kapitel heißen:

- „Finde jemanden, der …"
- „Umfragen"
- „Hefekloß"
- „Gleichgesinnte"
- „Herz oder Kopf"
- „Bildbeschreibung"
- „Domino"
- „Weitergehen"
- „Karussell der Eigenschaften"
- „Zweiminutenbilder"

4.1. „Finde jemanden, der …“

Kompetenzen:	Fragen stellen, Umfragen durchführen, Notizen machen, Ergebnisse wiedergeben, ergebnisorientiert kommunizieren
Anwendungsbereiche:	Einführung, Wiederholung
Klasse:	ab Klasse 5 je nach Thema
Dauer:	20 bis 30 Minuten
Vorbereitung:	Arbeitsblätter erstellen
Material:	Arbeitsblätter (eventuell in zwei Versionen), Tafel
Sitzordnung:	beliebig, im Plenum im Kreis oder Halbkreis
Sozialform:	jeder mit jedem, Klassenspaziergang, wechselnde Partner
Risiko:	unterschiedlich, je nach Thema

Diese Methode beschreibt eine offene Umfrage mit dem Ziel, möglichst viele Personen zu befragen und Namen und Informationen zu sammeln. Durch das Arbeitsblatt wird die Kommunikation gesteuert, je nach Version des Arbeitsblattes unterschiedlich stark.

Verlauf für die komplexere Version mit zwei Arbeitsblättern

Die Schülerinnen und Schüler werden in zwei gleich große Gruppen eingeteilt. Dabei können die Tierkarten von S. 43 helfen oder man verteilt verschiedenfarbige Schleifen oder wählt das Zufallsprinzip (abzählen A/B). Jede Gruppe bekommt ein eigenes Arbeitsblatt. Wenn man nach Rangliste den leistungsstärkeren Schülern („weiße Tiere“) das erste Arbeitsblatt austeilt und den anderen („schwarze Tiere“) das zweite, wird nach Leistungsniveau differenziert. Dann kann die leichtere Gruppe z. B. nur Ja-Antworten sammeln, die schwierige Gruppe ausformulierte Aussagen. Auf den Arbeitsblättern sind Fragen oder Aufgaben notiert, die durch Befragung der anderen gelöst werden können (siehe Beispiel auf S. 63 f.).

Wenn alle Kinder ein Arbeitsblatt haben, demonstriert die Lehrerin den weiteren Verlauf:

In einem Klassenspaziergang gehen alle umher und befragen dabei so viele andere Teilnehmer, egal welcher Gruppe sie oder die anderen angehören, wie sie in zehn Minuten schaffen.

Nach zehn Minuten (egal, wie viel jeder geschafft hat) werden alle aufgefordert, sich nun bewusst einen „andersfarbigen“ Partner zu wählen („Jedes weiße

Tier sucht sich ein schwarzes Tier“.) Diese Paare sollen nun gemeinsam die beiden Arbeitsblätter so weit wie möglich ausfüllen, dazu Informationen austauschen, Fragen klären und schließlich den Vortrag ihrer Ergebnisse im Plenum vorbereiten.

Auf den Lehrerimpuls (Was habt ihr herausgefunden?) dürfen nun alle im Plenum vortragen. Nachfragen können sich daran anschließen.

Variationen

- Alle erhalten das gleiche Arbeitsblatt. Es geht nur darum, möglichst viele Leute zu befragen, also eine Differenzierung nach Umfang, dann fällt die Partnerarbeit weg.
- Das Arbeitsblatt ist wie ein Bingo-Blatt (siehe S. 67) aufgeteilt. Wer zuerst eine Reihe ausgefüllt hat, gewinnt und beendet damit die erste, zeitlich verkürzte Phase. So entsteht ein zusätzlicher Wettkampffaktor.
- Wenn die Ergebnisse im Plenum vorgetragen werden, kann sich der Befragte, von dem die Rede ist, dazu äußern.
- Die Ergebnisse können auf einem „Produkt“ festgehalten werden, z. B. auf einem Wandplakat oder in den Heften. Ergebnisse aller für alle (Heute haben wir herausgefunden, dass …), Ergebnisse des Einzelnen für sich selbst (Heute habe ich herausgefunden, dass …), des Einzelnen für die Gruppe (Heute habe ich über uns herausgefunden, dass …). Diese Produkte eignen sich gut für das Portfolio.

Risiko

Es gibt immer einige, die nicht wissen, was sie machen sollen, weil sie plötzlich selbstständig handeln sollen. Die anfängliche Demonstration hilft in jedem Fall, trotzdem muss man bei Bedarf Hilfe anbieten. Das Risiko für die Einzelnen hängt vom Thema ab (siehe „Mobbing“, S. 63 f.).

Kommentar und Differenzierungspotential

Diese Übung verlässt das übliche „Sandwichschema“ (Plenum – Differenzierungsphase – Plenum) der meisten differenzierten Unterrichtsstunden. Sie beginnt mit der Differenzierungsphase, schließt die Partnerarbeitsphase an und endet im Plenum. Der Vorteil der verschiedenen Arbeitsblätter ist, dass auch der schwächste Schüler etwas sagen und schreiben kann, weil die Antworten nur abzulesen sind und die Beiträge im Plenum daher von vergleichbar guter sprachlicher Qualität sind.

Abgesehen von der Einteilung nach dem Anspruchsniveau kann der Lerner seine eigene Differenzierungsform finden:

- Differenzierung nach Umfang (man schafft unterschiedlich viel in zehn Minuten)

- Differenzierung nach Vorwissen (man stellt die Fragen, die man versteht und die einem geläufig sind)
- Differenzierung nach Interesse (man fragt zuerst nach den Dingen, die einen interessieren)
- Differenzierung nach Schwierigkeitsgrad und Anspruchsniveau (man stellt zuerst die Fragen, die man gut aussprechen kann und deren Bedeutung man weiß).

Die verschiedenen Phasen bauen für alle transparent und progressiv aufeinander auf. Ein zusätzliches Tafelbild kann zur Orientierung dienen.

1. Klassenspaziergang, insgesamt 10 Minuten:

Gruppe 1	Gruppe 2
Arbeitsblatt 1 Informationen von verschiedenen Personen sammeln	Arbeitsblatt 2 Ja-Antworten von verschiedenen Personen sammeln

für alle:
2. Partnerarbeit
Ergebnisse vergleichen

3. Plenum
Ergebnisse vorstellen und austauschen

Von der einzelnen Recherche, die eine kurze Kommunikation mit vielen Teilnehmern bedeutet, geht es über den gründlichen Austausch mit einer Person zu einem gesteuerten Austausch im Plenum, zu dem jeder beitragen kann. Dabei sind im Sinne einer Rhythmisierung 10 bis 15 Minuten der lauten/bewegten Phase ausreichend.

Arbeitsblatt „Finde jemanden, der …“

Fach: Sozialkunde/Ethik
Thema: Mobbing unter Schülern, Arbeitsblatt 1

Finde für jede Frage jemanden, der diese mit „Ja“ beantwortet. Schreibe den Namen in die Lücke. Versuche, möglichst viele unterschiedliche Personen zu befragen. Die Reihenfolge ist nicht wichtig.

1. Findest du es wichtig, für deine Ehre zu kämpfen?

   ______________ findet es wichtig, für seine Ehre zu kämpfen.

2. Findest du, dass sich derjenige durchsetzt, der am besten die Nerven behält?

   ______________ findet, dass sich derjenige durchsetzt, der am besten die Nerven behält.

3. Stimmst du zu, dass man bei Problemen in der Klasse selbst etwas tun muss, weil die Lehrer sich sowieso nie darum kümmern?

   ______________ findet, dass man bei Problemen selber etwas tun muss, weil die Lehrer sich sowieso nie darum kümmern.

4. Findest du es richtig, jemandem klarzumachen, dass er nicht in die Klasse passt?

   ______________ findet es richtig, jemandem klarzumachen, dass er nicht in die Klasse passt.

5. Meinst du, dass man mehr Lust hat, jemanden zu ärgern, wenn man Stress mit dem Lehrer hatte?

   ______________ findet, dass man mehr Lust hat, jemanden zu ärgern, wenn man Stress mit dem Lehrer hatte.

6. Findest du es wichtig, zur angesagten Clique zu gehören?

   ______________ findet es wichtig, zur angesagten Clique zu gehören.

Arbeitsblatt „Finde jemanden, der …“

Fach: Sozialkunde/Ethik
Thema: Mobbing unter Schülern, Arbeitsblatt 2

Gehe umher, finde einen Gesprächspartner, schreibe den Namen auf und was diese Person gesagt hat. Versuche, möglichst viele unterschiedliche Personen zu befragen.

Frage	Name	Information
Kennst du jemanden, der sagt: „Wenn man angegriffen wird, muss man sich verteidigen“?		
Kannst du erklären, was eine Gewaltspirale ist?		
Was findest du wichtig, um sich durchzusetzen?		
Meinst du, dass man sich selber helfen muss, weil die Lehrer sowieso nie etwas tun?		
Was soll man tun, wenn Schüler gar nicht zu uns passen?		
Gibt es Cliquen, die bestimmen, wie man sich verhalten soll? Was meinst du dazu?		
Welche Auswirkungen hat es, wenn ein Lehrer einen oft anschreit?		
Findest du es wichtig, etwas dagegen zu tun, dass Mitschüler ausgelacht werden?		

Arbeitsblatt „Find someone who ..."

Fach: Englisch
Thema: Travelling, Arbeitsblatt 1

Find someone for each question who answers the question with „Yes!".
Write down the name of the person.
Try and collect as many different names as possible.
The order is not important.

1. Have you ever been to Canada? ____________________ has been to Canada.
2. Have you ever been to Paris? ____________________ has been to Paris.
3. Do you think travelling is interesting? ____________________ thinks that travelling is interesting.
4. Do you like travelling by plane? ____________________ likes travelling by plane.
5. Are you scared of flying? ____________________ is scared of flying.
6. Do you usually like the food in other countries? ____________________ usually likes the food in other countries.
7. Do you like Sushi? ____________________ likes sushi.
8. Do you like being sun tanned? ____________________ likes being sun tanned.
9. When travelling, do you always take chocolate with you? ____________________ always takes chocolate with them when travelling.
10. Do you like swimming in the sea? ____________________ likes swimming in the sea.
11. Have you ever been stung by a jelly fish? ____________________ has been stung by a jelly fish.
12. Do you think travelling is a waste of money? ____________________ thinks travelling is a waste of money.

Arbeitsblatt „Find someone who ...“

Fach: Englisch
Thema: Travelling, Arbeitsblatt 2

Find someone who can answer the questions.
Write down the name of the person and what else she or he said.
Try and ask as many different persons as possible.

Question	Name	Information
Which English speaking countries have you been to?		
Have you ever been to a French city?		
What do you think of travelling?		
What kind of transport do you prefer?		
Do you know of anybody who is scared of flying?		
What do you think of foreign food?		
What do you think about Sushi?		
What do you think about sun bathing?		
Which three items do you always take with you when travelling?		
Can you remember things you forgot to pack?		

Arbeitsblatt „Finde jemanden, der …“

Fach: Deutsch als Fremdsprache bzw. Zweitsprache
Thema: Das bin ich

Finde jemanden, der eine Frage mit „Ja“ beantwortet. Schreibe den Namen in das Kästchen. Versuche, möglichst viele unterschiedliche Personen zu befragen. Die Reihenfolge ist nicht wichtig. Wenn du eine Reihe (waagerecht, senkrecht oder diagonal) mit fünf Kästchen ausgefüllt hast, rufst du laut „Bingo“.

Hast du eine gelbe Zahnbürste?	Hast du ein Fahrrad?	Hast du einen Bruder?	Hast du eine Schwester?	Hast du einen Hund?
Hast du blaue Socken?	Hast du ein Wörterbuch?	Hast du viele Bücher?	Hast du eine Katze?	Hast du Geld bei dir?
Magst du Spagetti?	Magst du die deutsche Sprache?	Magst du Eis?	Trinkst du gern Milch?	Magst du Schlangen?
Magst du Spinnen?	Magst du Schnee?	Magst du die Farbe Rosa?	Magst du Himbeeren?	Magst du Trabis?
Kannst du ein deutsches Lied singen?	Kannst du Tennis spielen?	Kannst du tanzen?	Kannst du auf Deutsch bis 19 zählen?	Kannst du einen Zaubertrick?

4.2 „Umfragen“

Kompetenzen:	Fragen stellen, aktiv zuhören, Notizen machen, sich aufgrund der Notizen eine Vorstellung entwickeln
Anwendungsbereiche:	Einführung, Übung, Aktivierung von Vorwissen
Klasse:	ab Klasse 5
Dauer:	15 Minuten bis 40 Minuten
Vorbereitung:	Arbeitsblatt herstellen
Material:	Arbeitsblatt
Sitzordnung:	während der Umfrage beliebig, danach im Plenum Hufeisen, Kreis oder Halbkreis
Sozialform:	alle sprechen mit allen, Klassenspaziergang, wechselnde Partner
Risiko:	keins

Umfragen folgen demselben Muster wie „Find someone who ...“, haben aber einen tiefer gehenden Ansatz. Sie können durch Spezifizierungen genauere und dennoch sprachlich einfache Auskünfte geben und eignen sich z. B. auch für Bildbeschreibungen. Gegenüber dem fragend entwickelnden Unterrichtsgespräch haben sie den Vorteil, dass alle Schüler aktiv werden und miteinander ins Gespräch kommen.

Verlauf

Sie führen in das Thema ein – z. B. durch einen Zeitungsartikel, eine Frage an der Tafel, ein Bild, eine Geschichte, einen Brief –, kündigen eine Umfrage an und geben den Zeitrahmen vor.

Die Schüler gehen umher und befragen in der zur Verfügung stehenden Zeit so viele Personen wie möglich. Man kann die Auflage machen, dass es Personen von der anderen Seite des Raums sein müssen, um Bewegung in die Sache zu bringen. Alle machen sich Notizen auf dem entsprechenden Arbeitsblatt. Wer früher fertig ist, schreibt einen kurzen Text mit den Ergebnissen seiner Umfrage auf.

Zu dem vorgegebenen Zeitpunkt beenden alle ihre Tätigkeit und begeben sich in eine Plenumsstruktur (Kreis, Hufeisen, Halbkreis – wichtig ist, dass jeder jeden sehen kann).

Im Plenum tragen Schüler anhand ihrer Notizen ihre Ergebnisse vor. Dieses kann ohne Wertung geschehen, aber es können auch Fragen beantwortet werden wie

- Welche Antwort fandest du überraschend?
- Welche Antwort hattest du erwartet?

Die Person, über die berichtet wird, kann das Gesagte bestätigen oder ergänzen.

Variationen

1. Die Umfrage wird mit *Hypothesenbildung* verknüpft:

Der Lehrer ermutigt die Schüler, Vermutungen über den Ausgang der Umfrage anzustellen: Wie viele Mitschüler, glaubst du, Karl, waren schon einmal in unserem Theater, kennen ein anderes Theater, können fünf Theaterstücke nennen, wissen ungefähr, wann Schiller gelebt hat, kennen verschiedene Theaterformen (entsprechend den Fragen der Umfrage)? Ergebnisse werden an die Tafel geschrieben.

Nach der Umfrage und der Rückmeldung der Einzelergebnisse wird durch Handheben eine Gesamtklassenumfrage gemacht, z. B.: Wer war schon mal in unserem Theater? Jemand zählt die Meldungen und schreibt die Ergebnisse an die Tafel. Sie werden mit den Vermutungen zu Beginn verglichen. Wer am besten getippt hat, gewinnt.

2. *Bildbeschreibung*: Jeder Teilnehmer erhält ein Bild, das er nicht zeigen darf. Nun sucht sich jeder zwei bis fünf Mitschüler, die er zu ihren Bildern interviewt, um sich eine Vorstellung davon zu machen. Zu den Antworten macht er sich Notizen.

Nach der Umfrage werden alle Bilder vermischt in die Mitte des Sitzkreises gelegt und die Schüler versuchen, anhand ihrer Notizen die Bilder zuzuordnen, etwa: Ich glaube, das Bild mit dem Löwen ist Ralfs Bild, denn er hat ein Tier erwähnt und die Atmosphäre als aufregend beschrieben.

Risiko

Das Risiko bei Umfrageaktivitäten liegt meist darin, dass manche Schüler nicht verstehen, was sie machen sollen. Daher müssen wir als Lehrer besonders gründlich über die einzelnen Schritte der Aktivität aus Schülersicht nachdenken und das Arbeitsblatt entsprechend gestalten, damit alle notwendigen Schritte deutlich werden. Manchmal bieten sich vorgeschaltete Arbeitsschritte an. Bei der Bildbeschreibung kann z. B. jeder zuerst sein eigenes Bild beschreiben (in kurzen Stichworten), damit er die anderen gezielter befragen kann.

Zusätzlich sollte der Lehrer die Sache demonstrieren, indem er mit seinem Blatt auf einen Schüler zugeht, diesen befragt und die Ergebnisse am besten auf Overheadfolie einträgt. So kann jeder sehen, wie das Blatt auszufüllen ist.

Kommentar und Differenzierungspotential
Umfrageaktivitäten haben unschätzbaren Wert. Sie bieten in überschaubarem Rahmen eine Möglichkeit, mit allen risikofrei zu kommunizieren, eigenes Wissen einzubringen, Neugier zu befriedigen und soziale Kontakte zu pflegen.

Diese Aktivität spricht sowohl die Freunde als auch die Wissenschaftler an. Sie bietet Differenzierung nach Umfang und Lerntempo und gibt im Plenum allen die Möglichkeit, etwas beizutragen. Kurze Kontakte bringen Schüler miteinander ins Gespräch, die sich sonst nicht als Partner finden würden, und nehmen dieser Form der Partnerarbeit alle Peinlichkeit und Missstimmung, die bei längeren „Zuteilungen" entstehen können.

Umfragen fördern methodische Kompetenzen, die bei späteren größeren kommunikativen Aufgaben (Vorträge, Präsentationen) wichtig werden. Kurz, eine Umfrageaktivität ist ein geeignetes Lernfeld, um selbstständig ergebnisorientiert zu arbeiten.

Sie setzt den Lehrer frei. Er muss nicht leiten, führen, unterrichten, sondern kann als „Lernberater" wirken, er kann helfen, sich selber als Gesprächspartner zur Verfügung stellen, Schüler beobachten (und Diagnosen ableiten), parallel eine Kleingruppe betreuen, Einzelberatungen durchführen, das Klassenbuch führen oder aus dem Fenster gucken und durchatmen.

Arbeitsblatt „Umfragen“

Fach: Biologie
Thema: Essverhalten

Gehe umher und stelle verschiedenen Mitschülern Fragen von diesem Fragebogen. Frage so viele verschiedene Personen, wie du in der vorgegebenen Zeit schaffst. Trage die Namen in der richtigen Rubrik ein.

	manchmal	oft	immer	nie
Kauft deine Familie Getränke in Dosen?				
Isst du mehr als eine Tüte Chips in der Woche?				
Frühstückst du morgens?				
Nimmst du ein Schulbrot mit in die Schule?				
Gehst du zum Mittagessen in die Schulmensa?				
Gibt es abends bei euch zu Hause Fertigpizza?				
Isst deine Familie abends zusammen?				
Isst du vorm Fernseher?				
Brauchst du Schokolade, wenn du nervös bist?				
Kochst du dein Lieblingsessen selber?				
Isst du bei Verwandten?				
Isst du Obst?				
Findest du frisches Gemüse teuer?				
Gehst du zu McDonald's?				
Hilfst du beim Einkauf von Lebensmitteln?				
Gibt es eine ganze Woche, in der du ohne Fertiggerichte satt wirst?				

Arbeitsblatt „Umfragen“

Fach: Englisch
Thema: Giving advice – reported speech I

Mike has difficulties at school. He needs some advice.
You want to test how good the following advice is. Ask your classmates. Collect different names for each line.

	I think this is ...			
Do you think Mike should ...	**very good advice**	**good advice**	**not very good advice**	**not impor-tant**
... start his homework straight after school?				
... get extra help at school?				
... copy his friend's homework in the morning?				
... ask his parents to write a letter to his teacher?				
... sit at home and cry every night?				
... ask his friends to do the homework together?				
... hire a private tutor?				
... tell the teacher about his problems?				
... leave school and find a job?				
... ask more questions during the lessons?				
... write a TO DO list?				
... should organize himself better?				
... find a different school with more understanding teachers?				

Now write down, what you found out – what people think that Mike should do and what he shouldn't do.

__________ says that Mike should ______________ and that he shouldn't __________

Arbeitsblatt „Umfragen“

Fach: Englisch
Thema: Giving advice – reported speech II

This is a letter to Alice and Tom from COOL Magazine:

Dear Alice and Tom

I am 15 years old and I have a big problem. I just cannot cope with my homework. My parents already had letters from school twice. I sometimes sit all night at my desk and still have not finished my homework when I go to bed.
What shall I do?
I need your advice. Please write back soon.

Yours sincerely

Mike

Answer Mike's letter.

Dear Michael

Alice and Tom are on holiday and they have asked me to answer your letter.
I have asked around and this is what people say you should or should not do:

You should ____

____

____

____

____

____

____

____

Good luck!

Yours ____________________ (your name)

Arbeitsblatt „Umfragen“

Fach: Englisch
Thema: Every Day Life

Ask your classmates the following questions and fill in the names and the answers (+ = yes; – = no).

Names:	Anna				
Do you get up at six o'clock?	+				
Do you cook your own meals?	+				
Do you do your homework at school?	–				
Do you live in a house?	–				
Do you live in a high rise?	+				
Do you get to school by bus?	+				
Do you like reading books?	+				
Do you like Eminem?	–				
Do you fight with other children?	–				
Does your mother wake you in the morning?	+				
Do you do your own washing?	–				

Now write sentences like:
Anna does her own washing. Sabrina gets up at six o'clock.

Now write sentences like:
Anna doesn't do her own washing, but cooks her own meals. So do I.
Anna cooks her own meals, but doesn't do her own washing. Nor do I.

Arbeitsblatt „Umfragen“

Fach: Englisch
Thema: Describing a picture I

First of all, describe your own picture by completing the sentences.

1. My picture is a coloured/black and white picture.
2. It shows an indoor/outdoor scene.
3. The picture is taken in a street/office/school/garden/sitting room/kitchen/on the beach …
4. The time of the day is probably afternoon/lunchtime/evening/morning/nighttime …
5. The time of the year is probably autumn/spring …
6. The picture basically shows …
7. The predominant (main) colours are …
8. In the centre you can see …
9. In the foreground you can see … /there is nothing specific that you can see in the foreground.
10. In the background you can see … /there is nothing specific that you can see in the background.
11. In the left hand corner (top and bottom) there is …
12. In the right hand corner (top and bottom) there is …
13. There is/are also …. (people or other objects)
14. I think they look …
15. I think that the picture is a family photo/advertisement/taken from a magazine …
16. I would say that the general atmosphere is rather depressing/gloomy/happy/relaxed/romantic …
17. The picture reminds me of …
18. I like the picture, because … / I don't actually like the picture, because …

Then fold the page and describe the picture again. Use these keywords:

black and white/coloured	right hand
indoors/outdoors	left hand
place	other objects or people
time of day/of year	action
main subject	impression
colours	guess
centre	general atmosphere
foreground	reminder
background	like/dislike

Arbeitsblatt „Umfragen“

Fach: Englisch
Thema: Describing a picture II

Fill in the information about your own picture according to the 18 sentences from page I. Then go round and ask people to describe their pictures.

My picture	Name:	Name:	Name:	Name:
1.				
2.				
3.				
4.				
5.				
6.				
7.				
8.				
9.				
10.				
11.				
12.				
13.				
14.				
15.				
16.				
17.				
18.				

4.3 „Hefekloß“

Kompetenzen:	Wortschatz und Vorwissen aktivieren, Gesehenes benennen und erinnern, Informationen austauschen und ergänzen
Anwendungsbereich:	Einführung
Klasse:	ab Klasse 5
Dauer:	10 bis 15 Minuten
Vorbereitung:	Gegenstände in einer Ecke des Raumes bereitlegen, zudecken.
Material:	12 bis 20 Gegenstände, Bilder oder Wortkarten zu einem Thema, Tuch zum Abdecken; bei der Variation ohne Gegenstände kein Material nötig
Sitzordnung:	beliebig
Sozialform:	Partnerarbeit
Risiko:	gering

„Hefekloß“ nutzt die Fähigkeiten der Mitschüler, um Wissen zu erweitern oder aufzufrischen. Ein Hefekloß geht durch Wärme auf, so wie hier der von den Einzelpersonen zunächst allein erinnerte Wortschatz oder die neu eingeführte Begrifflichkeit durch die Hilfe der anderen erweitert und zur Vollständigkeit ergänzt wird.

Verlauf

Die Lehrerin versteckt unter einem Tuch auf einem Tisch z. B. 17 Gegenstände, ohne dass die Schüler diese sehen. Dann nennt sie die Aufgabe:

„Ihr dürft 17 Gegenstände zum Thema Irland eine Minute lang ansehen und sollt euch später an mindestens 12 davon erinnern und sie aufschreiben. Eine sehr gute Leistung wäre es, wenn sich eine Gruppe von euch alle merken und sie benennen könnte.“

Jeder Schüler schreibt die Zahlen von 1 bis 17 (= Anzahl der Gegenstände unter dem Tuch) untereinander auf ein Blatt Papier. Dann tritt die Klasse in zwei Gruppen nacheinander an den Tisch, das Tuch wird abgenommen und jeder prägt sich die Gegenstände ein. Dabei darf nicht geredet, nicht gefragt, nichts angefasst werden. Anschließend gehen die Schüler an die Plätze zurück und schreiben auf, was sie gesehen haben.

Nach drei Minuten dreht sich jeder zu seinem Sitznachbarn und tauscht sich mit ihm aus. Die Listen werden so ergänzt. Nach weiteren drei Minuten setzt sich dieses Paar mit einem anderen Paar zusammen und arbeitet zu viert weiter an der Vervollständigung der Liste.

Die erste Gruppe, die 17 Begriffe aufgeschrieben hat, darf das Tuch abnehmen und sich vergewissern. Im Anschluss schreibt sie alle Begriffe an die Tafel. Alle ergänzen ihre Listen.

Englische Version (Kim's Game)

Geben Sie folgende Lehrerimpulse:

Look at the following 18 objects for 10 seconds! Now try and remember all 18 objects on your own.

(After two minutes:) Compare your findings with the person next to you and complete your wordlist.

(After two more minutes:) Now join the pair next to you and compare your words in a group of four. Complete your wordlists. Check with the words on the board.

Risiko

Ein Risiko besteht höchstens darin, dass man das „classroom management" nicht klar genug gestaltet. Die Gruppen müssen eindeutig eingeteilt werden und die gleiche Zeit am Gegenstandtisch bekommen. Während des Ansehens darf nicht geredet werden.

Variationen

Die Schüler sollen Hypothesen aufstellen, welche Gegenstände, Bilder, Wörter sie vermuten, nachdem sie das Thema kennen, wenn es z. B. heißt:

Dort auf dem Tisch liegt der Inhalt meiner Handtasche (oder Gegenstände, die mit Weihnachten zu tun haben, oder Blätter von unterschiedlichen Bäumen und Blumen usw.).

Schreibt auf, welche Gegenstände, Bilder, Wörter ihr vermutet.

Man kann auch völlig ohne Gegenstände arbeiten – der Tisch entspricht dann der eigenen Erinnerung, dem eigenen Wissen, z. B. so: Findet zwanzig Wörter, die etwas mit Vulkanismus zu tun haben,

1. alleine
2. gemeinsam mit dem Sitznachbarn
3. gemeinsam mit drei weiteren Nachbarn.

Englische Version

I would like you to find twenty words about Antarctica.

1. on your own
2. with the person next to you
3. with three persons sitting next to you – in fours

Weiterführende Aktivität

Freiwillige, die glauben, dass sie sich nach einer Minute an alle Begriffe erinnern können, sagen die Begriffe aus dem Gedächtnis auf. Einer stoppt die Zeit. Alle haben die komplette Wortliste vor sich und haken ab. Es können auch zwei Paare gegeneinander spielen. Man kann Wetten abschließen, wie viele Begriffe die Kandidaten nennen werden.

Kommentar und Differenzierungspotential

Bei dieser Übung sind die Mitschüler die „Freunde und Helfer“. Zusammen schaffen sie etwas, was einer allein nicht kann. Der individuelle Zeitdruck wird durch die anderen aufgefangen. Man ist nicht allein für ein unzulängliches Ergebnis zuständig. Ab und zu gibt es allerdings einzelne Schüler mit fotografischem Gedächtnis, die den Jackpot auf Anhieb knacken – eine gute Möglichkeit, diese zu identifizieren und ihre Gabe in Zukunft zu nutzen.

Die Übung spricht sowohl die intrapersonalen Lernerpersönlichkeiten an (sie dürfen erst mal allein probieren) als auch die interpersonalen (Paare/Gruppe/Austausch). Die Visuellen haben einen gewissen Vorteil, die Kinästheten sind meist froh, wenn sie hin und her laufen dürfen. Die „Professoren“ freuen sich an der Vervollständigung der Liste, die Wettkämpfer fühlen sich durch das Spiel um die schnellste Zeit herausgefordert.

Differenzierung entsteht außerdem nach Umfang (es macht nichts, wenn ich weniger Wörter habe als andere, schließlich wird der Umfang durch die Gruppe geregelt) und nach Art und Grad der Hilfestellung (durch die anderen).

4.4 „Gleichgesinnte“

Kompetenzen:	Begriffe assoziieren, Wichtiges von Unwichtigem trennen, Konsens herstellen, Begründungen finden, andere Meinungen akzeptieren, sich durchsetzen
Anwendungsbereich:	Einführung
Klasse:	ab Klasse 5
Dauer:	ca. 10 Minuten
Vorbereitung:	keine
Material:	Papier/Stift
Sozialform:	jeder mit jedem/Klassenspaziergang – führt zur Gruppenbildung
Sitzordnung:	beliebig
Risiko:	gering

Bei dieser Methode finden sich Gleichgesinnte, die in Einzelarbeit Begriffe assoziiert haben und danach Partner mit den gleichen Begriffen suchen. Diese neu entstandene Gruppenzusammensetzung ist sehr variabel und bildet die Grundlage für eine weitere inhaltliche Arbeit.

Verlauf

Schreiben Sie einen Oberbegriff an die Tafel, z. B. *Industrialisierung*. Stellen Sie die Aufgabe, dass jeder für sich 8 bis 12 Wörter aufschreiben soll, die ihm zu dem Oberbegriff einfallen. Nach fünf Minuten – die meisten werden jetzt ca. acht Begriffe gefunden haben – wird die Einzelarbeitsphase beendet. Alle stehen auf, laufen herum, zeigen sich gegenseitig ihre Blätter und tauschen sich aus. Dabei werden Gleichgesinnte gesucht, die zwei bis vier gleiche Wörter aufgeschrieben haben. Auf den lauten Impuls „Einfrieren!“ („Freeze!“) hin bleiben alle Gleichgesinnten beieinander stehen.

Nun werden Gruppen zu drei bis vier Schülern eingeteilt (Nachbarschaftsgruppen). Diese Vier setzen sich zusammen und bekommen die Aufgabe, ihre Assoziationen auf die vier Begriffe zu reduzieren, die ihnen am wichtigsten sind. Der Schreiber (z. B. die Person mit den längsten Haaren) schreibt sie auf.

Ein Plenum wird gebildet – der Präsentator jeder Gruppe (z. B. die Person, die als nächste Geburtstag hat) heftet das Blatt mit den vier Begriffen an die Tafel und erklärt nach Bedarf, warum diese Prioritäten gesetzt wurden. Auch Fragen sind erlaubt.

Für den Einsatz in Englisch können diese Hilfestellungen an die Tafel geschrieben werden. So können sich die Schüler austauschen, wenn sie auf der Suche nach *Soulmates* sind:

- What have you got?
- Great, this is what I've got.
- Anything else?
- Brilliant! We've got ... things in common!

Variationen

Es gibt hier viele Variationen, vor allem, was die nachfolgende Aktivität anbelangt. Die Schüler können mit ihren Worten eine Geschichte schreiben, eine Mindmap erstellen, sie illustrieren oder sich ein Akrostichon ausdenken (die Buchstaben eines Wortes werden untereinander geschrieben; zu jedem Buchstaben werden zum Thema passende Wörter assoziiert und danebengeschrieben). Ist die soziale Kompetenz oder die sprachliche Kompetenz noch nicht so weit entwickelt, reicht es, gleiche Wörter gefunden zu haben, die man an der Tafel anschreibt und eventuell in sein Lerntagebuch überträgt.

Man kann aus den Wörtern auch einfache Rateaufgaben für die anderen entwickeln und z. B. die Buchstaben eines Wortes an der Tafel durcheinander anschreiben. Die anderen müssen den Begriff dekodieren.

Risiko

Es entsteht eine (produktive) Unruhe, während alle umherlaufen und miteinander sprechen. Vielleicht gibt es Schüler, denen überhaupt keine Wörter einfallen, sie sollten eventuell in einem Buch nachschlagen dürfen. Wenn sich eine Gruppe gebildet hat, die Beratung braucht, könnte sie auch mit Lehrerhilfe arbeiten. Die Schüler, die keinen Gleichgesinnten finden, bringt man in einer Kategorie wie „Unsere Kreativen“ zusammen und lässt sie miteinander ihre vier wichtigsten Wörter erarbeiten.

Kommentar und Differenzierungspotential

Diese Übung ist das Gegenstück zu „Hefekloß“, statt mehr werden es im Verlauf der Aktivität weniger Begriffe. Durch die Auseinandersetzung in verschiedenen sozialen Konstellationen findet eine Verdichtung statt. Soziale Kompetenzen werden in dem Auseinandersetzungsprozess geschult, man lernt seine eigene Position zu begründen – und damit seine Wörter durch diesen Verdichtungsprozess zu bringen und trotzdem andere Meinungen zu akzeptieren. Dies fällt hier etwas leichter, weil die Gruppen zumindest punktuell durch den vorherigen Findungsprozess auf einer ähnlichen Wellenlänge liegen. Hier sind insbesondere die interpersonellen Lerner am Zuge, ebenso für die nachfolgende Gruppenarbeit die Erfinder.

4.5 „Herz oder Kopf“

Kompetenzen:	Wichtiges von Unwichtigem trennen, einem Satz eine emotionale Gewichtung geben
Anwendungsbereich:	Textarbeit
Klasse:	ab Klasse 5, je nach Text
Dauer:	ca. 10 Minuten
Vorbereitung:	Kopien der verwendeten Texte für jeden
Material:	Texte (z. B. aus dem Lehrbuch)
Sitzordnung:	beliebig
Sozialform:	jeder mit jedem, Klassenspaziergang; führt zur Partnerfindung
Risiko:	keins

Verlauf

Ausgangspunkt ist ein literarischer Text, ein Lied, ein Gedicht (es kann – Einverständnis vorausgesetzt – auch das Gedicht eines Schülers sein). Der Text darf nicht zu kurz sein. Jeder Schüler erhält eine Kopie davon. Der Lehrerimpuls lautet:

- Markiert eine Zeile, die euch inhaltlich besonders gut gefällt, mit einem Herz.
- Markiert eine andere Zeile, die ihr sprachlich für sehr gelungen haltet, mit einem Smiley.

Die Schüler gehen den Text durch und markieren ihre Zeilen. Anschließend wandern sie in der Klasse umher und suchen einen Partner, der die Zeichen gleich gesetzt hat. Zu zweit malen sie ein Zweiminutenbild (weitere Hinweise dazu finden Sie auf Seite 100) zu den ausgewählten Zeilen oder sie lernen die Strophe auswendig, sie übersetzen die Strophe in eine andere Sprache oder sie begründen schriftlich ihre Auswahl. Was sie tun können, steht an der Tafel. Mögliches Tafelbild:

Ihr habt zehn Minuten Zeit. Bearbeitet eine oder mehrere Aufgaben. Ihr könnt wählen:

- Zeichnet Zweiminutenbilder für eure ausgewählten Textzeilen.
- Begründet, warum ihr diese Zeilen ausgewählt habt.
- Übetragt die Zeilen. (Im Fremdsprachenunterricht)
- Schreibt die Zeilen mit Angabe der Quelle und mit der Begründung für eure Auswahl in euer Lerntagebuch.

Variation

Die Schüler sollen die Zeilen finden, die sie für außerordentlich sinnlos und unverständlich halten. Es muss nicht immer eine weiterführende Aktion angeschlossen werden; man kann es auch bei der Auswahl der Zeilen belassen.

Kommentar und Differenzierungspotential

Bei dieser Aktivität wird eine emotionale Auseinandersetzung mit literarischer Sprache initiiert. Die „Freunde“, die interpersonalen Lernerpersönlichkeiten, fühlen sich besonders angesprochen. Nutzen Sie öfter die Variante ohne Begründungszwang, weil sonst die Wahrnehmung zu früh gefiltert wird.

4.6 „Domino“

Kompetenzen:	deutlich sprechen, zuhören, auf gehörte Impulse sofort reagieren, kognitiv kombinieren und vernetzen
Anwendungsbereiche:	Einführung
Klasse:	ab 7
Dauer:	15 Minuten
Vorbereitung:	einen Text als Domino vorbereiten
Material:	zu einer Geschichte, einem Sachtext, einem Objekt oder Bild Fragen und Antworten in Form eines zerschnittenen Dominos in ausreichender Anzahl (je nach Einsatz)
Sitzordnung:	Sitzkreis
Risiko:	gering bis mittel

Diese Methode eignet sich, um Texte verschiedener Art einzuführen und genauer zu betrachten. Auch Bilder oder Gegenstände, die untersucht werden sollen, sind geeignet, hier als Beispiel eine Farblithografie von F. C. Nordmann aus dem Jahr 1848 zu den Barrikadenkämpfen in Berlin vom 18./19. März 1848, die Sie in vielen Geschichtsbüchern finden (© bpk Berlin, Bild-Nr. 00014879); zu diesem Bild gibt es auf S. 89 ein passendes Arbeitsblatt.

Das Arbeitsblatt wird in Felder aufgeteilt, wie in den Kopiervorlagen auf S. 88 f. ersichtlich. Immer zwei benachbarte Felder bilden ein Dominoteil; in einem steht die Antwort auf eine Frage, in dem anderen eine weitere Frage. Alle Teile können – wie beim echten Dominospiel – in einer Kette richtig hintereinander gelegt werden, wenn die passenden Fragen und Antworten zueinander sortiert werden. So ergibt sich eine Frage-Antwort-Kette als Lerngegenstand.

Verlauf
Alle Schüler bekommen zu zweit ein oder zwei Dominoteile. Nun lesen Sie den Originaltext einmal vollständig vor oder zeigen das betreffende Bild. Dann beginnen Sie mit der ersten Frage. Die Schüler vergleichen ihre Teile und überlegen, ob auf ihrem Teil die richtige Antwort steht. Wer dieser Meinung ist, meldet sich und liest seine Antwort laut vor. Stimmt sie, darf er die nächste Frage stellen, die auf dem zweiten Feld des entsprechenden Dominoteils steht. Wenn alle

Teile genannt worden sind, kann man den Vorgang eventuell noch einmal wiederholen (vorher die Teile neu mischen und verteilen) und die Zeit stoppen.

Es gibt Partner, die gerne im Chor vorlesen, oder solche, bei denen der eine die Antwort und der andere die Frage vorliest. Manchmal möchte auch einer alles vorlesen.

Variationen

Man kann zunächst allen Paaren (an Tischen sitzend) jeweils ein komplettes zerschnittenes Dominospiel geben und sie es selber zusammensetzen lassen. Erst in der zweiten Phase wird dann im Kreis nur noch ein Dominospiel mit den ausgegebenen Teilen benutzt. Oder umgekehrt nach der ersten Runde sollen alle Partner ein eigenes Spiel in die richtige Reihenfolge bringen.

Wenn man die Teile stark vergrößert, kann man sie an der Tafel für alle sichtbar befestigen oder auf den Boden in die Mitte des Sitzkreises legen und dort die Reihe komplettieren.

Fast alle Sachtexte lassen sich so aufbereiten. Man muss nur die Informationen als Fragen mit Antworten formulieren. Auch für kurze Texte wie Fabeln, Märchen, Anekdoten eignet sich diese Methode.

Kommentar und Differenzierungspotential

In dieser Übung wird deutlich, wie wichtig es ist, konzentriert zuzuhören und hinzuschauen, und zweitens wie wichtig die Gruppe und der Partner sind, um das Ganze gemeinsam zusammenzutragen. Sie spricht die auditiven Lernerpersönlichkeiten und die „Freunde“ an.

Es ist ratsam, zu zweit zu arbeiten. Sonst kann ein „Stau“ entstehen, der für den Einzelnen, der nicht aufgepasst hat, peinlich ist. Der Partner erfüllt wichtige Funktionen: Er passt mit auf und trägt den Erfolg oder die Blamage mit. Es empfiehlt sich hier sehr, Schüler mit schneller und solche mit langsamer Auffassungsgabe zusammenzusetzen.

Arbeitsblatt „Domino"

Fach: Deutsch
Thema: Fabel/Text „Die Stadtmaus und die Landmaus" (nach Aesop)

Eine Landmaus hatte ihre Freundin, eine Stadtmaus, zu sich eingeladen und empfing sie in ihrer sehr bescheidenen Wohnung auf das Freundlichste. Um ihren Mangel der verwöhnten Städterin nicht merken zu lassen, hatte sie alles, was das Landleben Gutes bot, herbeigeschafft und aufgetischt. Da waren frische Erbsen, getrocknete Traubenkerne, Hafer und auch ein Stückchen Speck, wovon die Landmaus nur bei außergewöhnlichen Gelegenheiten aß.

Mit großer Genugtuung überschaute sie ihre Tafel und unterließ nicht, ihrer Freundin unablässig zuzusprechen.

Aber die Stadtmaus, durch die vielen gewohnten Leckereien verwöhnt, beroch und benagte die Speisen nur sehr wenig und stellte sich der Höflichkeit halber so, als wenn es ihr schmecke, konnte aber doch nicht umhin, die Gastgeberin merken zu lassen, dass alles sehr wenig nach ihrem Geschmack gewesen sei.

„Du bist eine recht große Törin", sprach sie zu ihr, „dass du hier so kümmerlich dein Leben fristest, während du es in der Stadt so glänzend führen könntest wie ich. Gehe mit mir in die Stadt unter Menschen, dort hast du Vergnügen und Überfluss." Die Landmaus war bald entschlossen und machte sich zum Mitgehen bereit.

Schnell hatten sie die Stadt erreicht, und die Städterin führte sie nun in einen Palast, in welchem sie sich hauptsächlich aufzuhalten pflegte; sie gingen in den Speisesaal, wo sie noch die Überbleibsel eines herrlichen Abendschmauses vorfanden.

Die Stadtmaus führte ihre Freundin nun zu einem prachtvollen, mit Damast überzogenen Sessel, bat sie, Platz zu nehmen, und legte ihr von den leckeren Speisen vor. Lange nötigen ließ sich die Landmaus nicht, sondern verschlang mit Heißhunger die ihr dargereichten Leckerbissen.

Ganz entzückt war sie davon und wollte eben in Lobsprüche ausbrechen, als sich plötzlich die Flügeltüren öffneten und eine Schar Diener hereinstürzte, um die Reste des Mahles zu verzehren.

Bestürzt und zitternd flohen beide Freundinnen, und die Landmaus, unbekannt in dem großen Hause, rettete sich noch mit Mühe in eine Ecke der Stube.

Kaum hatte sich die Dienerschaft entfernt, als sie auch schon wieder hervorkroch und noch vor Schrecken zitternd zu ihrer Freundin sprach: „Lebe wohl! Einmal und nie wieder! Lieber will ich meine ärmliche Nahrung in Frieden genießen, als hier bei den ausgesuchtesten Speisen schwelgen und stets für mein Leben fürchten müssen."

Arbeitsblatt „Domino“

Fach: Deutsch
Thema: Fabel/Material „Die Stadt- und die Landmaus“

ANFANG ——— Was für eine Freundin hatte die Landmaus?	Sie hatte eine Stadtmaus zur Freundin. ——— Wohin lud die Landmaus die Stadtmaus ein?	Sie lud sie in ihre bescheidene Wohnung ein. ——— Wofür schämte sich die Landmaus?	Sie schämte sich, dass sie so arm war. ——— Was sollte die Stadtmaus nicht merken?	Sie sollte den Mangel an Nahrungsmitteln nicht merken. ——— Was machte die Landmaus deswegen?
Sie tischte ihr alles auf, was das Landleben an Gutem zu bieten hatte. ——— Was gab es denn zu essen?	Es gab frische Erbsen, Hafer, Traubenkerne und auch ein Stückchen Speck. ——— Konnte die Landmaus sich das jeden Tag leisten?	Nein, sie konnte sich das nur bei außergewöhnlichen Gelegenheiten leisten. ——— Wie benahm sich die Stadtmaus beim Essen?	Die Stadtmaus beroch und benagte die Speisen nur etwas. ——— Wozu überredete die Stadtmaus die Landmaus?	Sie überredete sie, mit ihr in die Stadt zu ziehen und Vergnügen und Überfluss zu genießen. ——— Wohin führte die Stadtmaus ihre Freundin?
In einen Palast, wo sich die Stadtmaus meist aufhielt. ——— Wie fand die Stadtmaus die Möbel und das Essen im Palast?	Sie fand den Damastsessel und das Essen wunderbar. ——— Was passierte, als die Freundinnen noch aßen?	Die Diener kamen herein und sie mussten um ihr Leben rennen. ——— Was sagte die Stadtmaus zitternd zu ihrer Freundin?	„Lieber esse ich arm und in Frieden, als dass ich bei köstlichem Essen um mein Leben fürchten muss.“ ——— Wie heißt diese Form der Erzählung?	Es ist eine Fabel. ——— ENDE

Arbeitsblatt „Domino“

Fach: Geschichte
Thema: Barrikadenkämpfe in Berlin 18./19. März 1848 (zur Lithografie von F.C. Nordmann, Abb. siehe S. 85)

ANFANG	Um das Blei heraus zu schmelzen und es als Munition zu verwenden.	Mit Speeren, Äxten, Stöcken und Keulen.	Männer, Frauen und Kinder.	Auf den Dächern und an den Fenstern der umliegenden Häuser.
Weshalb werden Fenster an das Feuer gebracht?	Womit sind die Menschen bewaffnet?	Was für Personen kann man erkennen?	Es wird nicht nur auf der Straße gekämpft. Wo sind noch Menschen?	Was tun die Männer links im Bild?
Sie lösen das Straßenpflaster und holen Steine heraus.	Er stellt eine Flagge auf.	Vor allem Bretter.	Schwarz, rot, gold.	Um ein Feuer.
Im Zentrum des Geschehens stellt ein Mann etwas auf. Was ist es?	Was kann man als Material für die Barrikaden erkennen?	Welche Farben hat die gehisste Flagge?	Worum sitzen die Kinder im Vordergrund des Bildes?	Was kann man auf dem Bild nicht finden?
Fein gekleidete Menschen.	Ein Fenster.	Gegen Soldaten.	Steine.	In Berlin.
Was hält die Frau in der Mitte des Bildes?	Gegen wen kämpfen die Menschen?	Was fliegt von den Dächern?	In welcher Stadt fanden die Ereignisse statt?	ENDE

4.7 „Weitergehen“

Kompetenzen:	Assoziationen und Kenntnisse in einer Gruppe austauschen, formulieren und notieren; Impulse aufnehmen, an anderen Ideen anknüpfen, Wortschatz/Fachvokabular festigen und erweitern
Anwendungsbereiche:	Wiederholung, Einführung, Feststellen und Aktivierung von Vorwissen, Materialsammlung
Klasse:	ab Klasse 5
Dauer:	15 bis 30 Minuten (je nach Aufgabenstellung)
Vorbereitung:	eventuell umräumen, Material auf vier Tischen bereitstellen
Material:	Fragen und große Blätter (z. B. Flipchartpapier, eventuell mit Bildern) in den vier Ecken des Raumes auslegen, 4 bis 6 verschiedenfarbige Filzstifte, Kurzzeitwecker
Sitzordnung:	keiner sitzt, vier bis sechs mobile Gruppen ziehen im Uhrzeigersinn von Plakat zu Plakat
Sozialform:	Gruppenarbeit
Risiko:	gering

Diese Methode gibt Schülergruppen die Möglichkeit, ihr Wissen ohne „Störung“ durch den Lehrer zu einer bestimmten Fragestellung schriftlich zu fixieren und zu erweitern. Dabei können sie Antworten der anderen Gruppen nutzen.
Es ist eine hervorragend geeignete Alternative zum „fragend-entwickelnden Unterrichtsgespräch“. Vorwissen, gelernte Begriffe sowie neue Einfälle werden hier gruppenweise gesammelt und je nach Fragestellung ausgewertet.

Verlauf
Alle Teilnehmer werden in Gruppen aufgeteilt (mithilfe von Spielkarten oder durch Abzählen, bei vier Gruppen z. B. von 1 bis 4). Jeder Gruppe wird eine Farbe zugeteilt. Im Klassenzimmer sind an vier Stationen vier Tische aufgebaut. Dort liegen jeweils ein Bild, ein Plakat mit einer Frage und ein farbiger Stift.

Hier ein Beispiel zum Bereich Lebensläufe/Personenbeschreibungen/persönliche Profile:

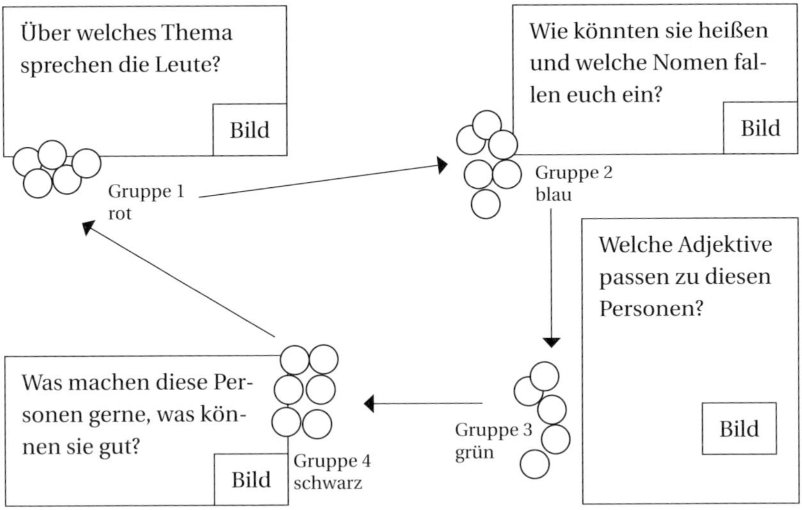

Sie erklären den Schülern die Regeln:

- Jede Gruppe bestimmt einen Schreiber.
- Die Gruppe der Einser geht zu dem Plakat mit dem roten Stift, die Zweier zu dem mit dem blauen Stift, die Dreier zum grünen und die Vierer zum schwarzen Stift.
- Jede Gruppe hat bei jeder Station fünf Minuten Zeit, die Frage zu beantworten. Auf das Signal hin wechselt die gesamte Gruppe mit ihrem Stift und ihrem Schreiber zur nächsten Station, liest die Frage und die bereits vorhandenen Antworten der anderen, ergänzt und kommentiert.
- Auch zeichnerische Antworten sind möglich.

Fünf Minuten lang beschäftigen sich die Gruppen mit der ersten Frage und dem ersten Bild und sie notieren alles, was ihnen dazu einfällt. Nach dem Signal gehen sie weiter. Ihren „Gruppenstift“ nehmen sie mit. Nun liest die rote Gruppe, was die blaue Gruppe geschrieben hat, kommt auf eigene Ideen, andere Meinungen, kommentiert und ergänzt.

Nach 20 Minuten war jede Gruppe an jeder Station, dann bekommen alle weitere fünf bis zehn Minuten, um überall herumzulaufen und ihre Antworten zu ergänzen.

Nun bringt man die Plakate z. B. mit Magneten an der Tafel oder im Raum an und geht die einzelnen Fragestellungen nochmals durch, stellt Überschneidungen und eventuelle Widersprüche fest. Alle notieren die für sie selber wichtigsten

Sätze oder Begriffe unter den Fragestellungen der Plakate in ihr Lerntagebuch. Oder die Plakate bleiben als Materialsammlung eine Woche lang an der Wand.

Variationen

Man kann Wissen und Meinungen abfragen (Wie soll ein guter Lehrer sein? Wie sollte er den Unterricht gestalten? Woran erkennt man ihn? Was sagt ein guter Lehrer? Oder: Was weißt du über Elefanten? Wo leben Elefanten? Wie sehen Elefanten aus? Welche Eigenschaften haben Elefanten?) und diese Methode zu Wiederholungen, zur Kontrolle und zum Austausch der Hausaufgaben nutzen (Welche Stilelemente werden verwendet? Nenne englische Nomen, die in dem Text über Bill Gates vorkamen, etc.).

Man kann die Bilder auch weglassen.

Risiko

Achten Sie darauf, dass die Gruppen nur ernsthafte Antworten abgeben und keine albernen Sprüche oder dumme Kritzeleien hinterlassen.

Wenn die Gruppe zu groß ist, denken und arbeiten nur wenige. Die anderen laufen herum und tun nichts oder gehen unterrichtsfremden Aktivitäten nach. Erhöhen Sie in diesem Fall auf sechs Gruppen und sechs Stationen. Meist aber klappt diese Aktivität auch bei schwierigen Gruppen erstaunlich gut. Wichtig ist, die Zeitstruktur rigide einzuhalten. Wenn eine Gruppe früher fertig ist, muss sie trotzdem warten.

Kommentar und Differenzierungspotential

Diese Methode wird manchmal auch als „Graffiti“ oder als „World Cafe“ beschrieben. Der Charme des Verfahrens besteht darin, dass sich die Gruppen gegenseitig anregen und neue Denkrichtungen aufzeigen, an die die anderen anknüpfen können. Sie ist eine Alternative zu dem zähen Abfragen bzw. der Osterhasenpädagogik („Ich habe ein Wort in meinem Gehirn versteckt – wer findet es?“): Statt auf „Wer weiß, was …? oder „Wem fällt noch etwas dazu ein?“ reagieren zu müssen, kann jeder Schüler zunächst ungehindert seine Ideen einbringen. Zum anderen wird die oft sehr zähe Plenumsphase elegant im Rundgang erledigt, denn alle haben schon alles gesehen. So kann man – wenn es keine Fragen und Widersprüche gibt – gleich die nächste Phase anschließen, z. B.:

- Schreibt jetzt euren Dialog/euer Interview/eure Ein-Minuten-Rede.
- Welche Konsequenzen sollte die Schule aus dem, was ihr jetzt alles gedacht und gelesen habt, ziehen?
- Schreibt jetzt einen Steckbrief für Elefanten.
- Zeichne eine Mindmap zum Thema „Bill Gates and Microsoft“.

Die Differenzierung nach Komplexität und Interesse, auch nach Schwierigkeitsgrad ist deutlich: Alle lernen von allen! Jeder kann so viel oder so wenig einbringen, wie es gerade passt, die Gruppe lebt von der Vielfalt der Einfälle und Beiträge. Insbesondere die „Freunde“ sind hier angesprochen, aber auch die „Professoren“, „Wissenschaftler“ und „Erfinder“ können hier Skizzen, Tabellen, Sprüche usw. beitragen.

4.8 „Karussell der Eigenschaften“

Kompetenzen:	Auf Fragen schriftlich (fantasievoll) reagieren, Textentwürfe schreiben, redigieren, vorlesen, aktiv zuhören
Anwendungsbereiche:	Vorbereitung auf das Schreiben von Texten
Klasse:	ab Klasse 7
Dauer:	30 bis 40 Minuten
Vorbereitung:	Arbeitsblätter erstellen, Bilder sammeln
Material:	Arbeitsblätter, für jeden Schüler ein Bild in einer Dokumentenhülle, Büroklammern
Sitzordnung:	geschlossener Sitzkreis
Sozialform:	Einzel- und Gruppenarbeit
Risiko:	gering

Diese Aktivität verbindet in einfacher Form Einzelarbeit mit Gruppenarbeit, indem ein Ergebnis im Kreis herumgereicht wird, zu dem jeder Einzelne im Takt das Seinige beisteuert, sodass zum Schluss genau so viele Produkte entstehen, wie es Schüler gibt. In jedem Produkt sind jedoch die Einfälle aller versammelt.

Verlauf

Jeder zieht von einem Stapel ein Bild (maximal A5-Format) in einer Dokumentenhülle. Das Bild steckt so darin, dass es nur die Hälfte der A4-Hülle ausfüllt. Alle Teilnehmer (auch die Lehrerin) nehmen sich nun einen Fragebogen und heften ihn an das Bild (siehe Abbildung). Die Lehrerin macht es vor. Somit hat jeder sein „Set“ fertig. Als Schreibunterlage dient z. B. ein Hefter. Alle sitzen im Stuhlkreis. Sie erklären Ihren Schülern, dass Sie gleich Fragen zum Bild stellen werden. Dabei geht es nicht um Faktenwissen, sondern darum, zu jeder Frage spontan etwas Passendes aufzuschreiben. Wem gar nichts einfällt, der schreibt eben nichts hin. Die eigene Antwort sollte sich auf die vorherigen beziehen. Auf das Stichwort „Weitergeben!“ gibt jeder sein Set nach links weiter, nimmt das von rechts in Empfang und hört der zweiten Frage zu.

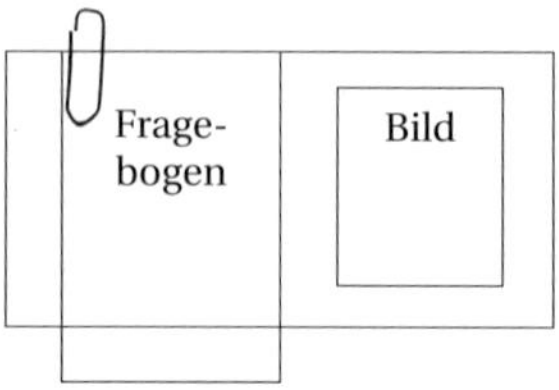

Sie lesen nun die erste Frage vor, z. B.:

- Wie könnte die abgebildete Person mit Vornamen heißen? Schreibt jetzt einen Namen auf, der zu dieser Person passt.

Sie warten ein paar Sekunden, je nach Komplexität der Frage, und geben dann das Signal „Weitergeben!". Alle reichen ihr Set nach links und nehmen von rechts eines an.

Nun lesen Sie die zweite Frage vor usw. Schließlich werden alle Arbeitsblätter von der Hülle gelöst und alle Bilder gemischt auf dem Boden innerhalb des Sitzkreises ausgebreitet.

Alle haben nun Zeit, den Text ihres Blattes zu lesen und eventuell zu ändern oder zu ergänzen.

Dann liest ein Freiwilliger seinen Text vor und die anderen raten, um welches Bild es sich handelt. Es ist wichtig, dass der gesamte Text gelesen wird, bevor die Zuordnung erfolgt.

Anschlussaktivität: Alle nehmen sich ein Bild, das ihnen besonders gut gefallen hat, und ergänzen den schon vorhandenen Text um möglichst viele Aussagen, die ihnen noch dazu einfallen. Im Anschluss werden diese Texte redigiert und mit den Bildern zusammen im Raum aufgehängt.

Variationen

Man kann auf diese Weise auch Bildbeschreibungen üben. Dann lauten passende Fragen so:

- Welches sind die vorherrschenden Farben des Bildes?
- Was sieht man im Hintergrund?
- Was sieht man im Vordergrund?
- Welche Tageszeit ist es?
- Würdest du dir das Bild in dein Zimmer hängen? Warum? Warum nicht?
- Wer hat das Bild gemalt?
- In welche Stimmung versetzt dich das Bild?

(Es empfiehlt sich, nicht nach dem Motiv des Bildes zu fragen, sonst verliert die Rateaufgabe im Anschluss ihren Reiz.)

Risiko

Das Risiko ist gering, wenn man als Lehrer streng darauf achtet, dass nur auf den Impuls „Weitergeben!" hin die Sets weitergereicht werden. Wenn das unkontrolliert erfolgt, funktioniert die Sache nicht und endet in einem frustrierenden Chaos. Also muss man diese Regeln vorher besprechen:

1. Nur auf „Weitergeben!" wird das Set nach links weitergereicht.
2. Während dieser Arbeit wird nicht gesprochen.

3. Wenn einem nichts einfällt, lässt man die Zeile frei.
4. Rechtschreibfehler sind nicht schlimm, sie können zum Schluss korrigiert werden.
5. Man muss das Vorhergehende lesen, damit der eigene Beitrag passt (wenn z. B. jemand den Namen Boris genannt hat, kann es sein, dass dieser russisch spricht).

Wenn die Teilnehmer wenig Vorstellungskraft besitzen und ihnen nichts einfällt, ist das Ergebnis mager. Dies lässt sich vermeiden, wenn man zuvor die Methode „Weitergehen“ oder diese Methode mit Bildbeschreibungen einführt und einige Fragen exemplarisch übt. Dann bekommen alle eine bessere Vorstellung vom Ablauf, und durch den Austausch mit den anderen ist die Fantasie angeregt worden. Wenn die Methode mehrere Male durchgeführt wird, gewinnen die Schüler zunehmend an Sicherheit und die Ergebnisse werden immer ergiebiger.

Kommentar und Differenzierungspotential

Meist macht diese Aktivität allen Teilnehmer viel Spaß. Es finden sich auch sofort Freiwillige, die den Text vorlesen wollen, weil es ja nicht nur ihr eigener Text ist, den sie der Öffentlichkeit preisgeben, sondern alle daran mitgeschrieben haben. Die Erfolgserlebnisse (das Erkennen der Bilder) sind garantiert, weil viele zumindest die Zeile wiedererkennen, die sie selber geschrieben haben. Das reduziert aber keineswegs den Reiz.

Diese Methode ist ein typisches Beispiel dafür, wie man die Einfälle der Gruppe nutzen kann. Der Text fällt mit großer Sicherheit witziger und einfallsreicher aus, als wenn ein Schreiber nur auf sich gestellt ist. Die Kreativen können sich austoben, die „Wissenschaftler“ überprüfen nachher die Zusammenhänge zwischen den Antworten, die „Professoren“ zählen begeistert die Wörter, die sie hinzufügen können, und die „Erfinder“ schreiben den gesamten Text um. Die „Freunde“ freuen sich, weil sie die Handschrift der Einzelnen im Gesamtprodukt erkennen. Wenn einem nichts einfällt, spielt das keine Rolle, denn vielleicht ergänzt ein leistungsstarker Schüler die Zeile. So trägt jeder mit seinen Fähigkeiten zu einem interessanten Produkt bei.

Diese Methode ist auch für sehr heterogene Gruppen außerordentlich geeignet. Man kann in diesem Fall die Bilder auch paarweise verteilen, d. h., jedes Paar hat ein Set und die Sets wandern von Paar zu Paar. Je ein leistungsstarker und ein leistungsschwächerer Schüler sollten dann zusammenarbeiten.

Arbeitsblatt „Karussell der Eigenschaften“

Fach: Deutsch
Thema: Personenbeschreibung

(Lehrerblatt)

1. Welchen Vornamen möchtest du der Person geben?
2. Welchen Nachnamen könnte sie haben?
3. Wie alt ist die Person?
4. Aus welchem Land kommt sie?
5. In welcher Stadt ist sie im Augenblick?
6. Was ist ihre Lieblingsfarbe?
7. Was isst sie am liebsten?
8. Was kann diese Person gut?
9. Was kann diese Person nicht gut?
10. Welche Sprache oder Sprachen spricht diese Person?
11. Wo ist diese Person im Augenblick?
12. Was wird diese Person gleich machen?
13. Magst du diese Person? Warum? Warum nicht? (nur eine Antwort!)
14. Kennst du jemanden, der dieser Person ähnelt?

Arbeitsblatt „Karussell der Eigenschaften“

Fach: Deutsch
Thema: Personenbeschreibung

(Schülerblatt)

1. Sie/er heißt mit Vornamen ______________________________

2. Mit Nachnamen heißt sie/er ______________________________

3. Sie/er ist ____________ Jahre alt.

4. Sie/er kommt aus ______________________________

5. Im Augenblick ist sie/er in ______________________________

6. Ihre/seine Lieblingsfarbe ist ______________________________

7. Sie/er isst am liebsten ______________________________

8. Sie/er kann gut ______________________________

9. Aber sie/er kann nicht gut ______________________________

10. Sie/er spricht ______________________________

11. Sie/er ist gerade ______________________________

12. Sie/er wird gleich ______________________________

13. Ich mag sie/ihn, weil ______________________________

    Ich mag sie/ihn nicht, weil ______________________________

14. Ich finde, sie/er sieht ein bisschen aus wie ______________________________

Arbeitsblatt „Character Wheel“

Fach: Englisch
Thema: People and Places

1. What’s the name of the person?	His/her name is ______
2. How old is the person?	He/she is ______
3. What’s the nationality of the person?	He /she is ______
4. What kind of food does he/she like?	He/she likes ______
5. What kind of family does he/she have?	He/she has ______
6. What is his/her favourite colour?	His/her favourite colour is ______
7. What is he/she good at?	He/she is good at ______
8. What is he/she not so good at?	He/she is not so good at ______
9. Where is he/she at the moment?	At the moment he/she is ______
10. What is he/she going to do in the next 10 minutes?	He/she is going to ______
11. What do you like or do not like about this person?	I like/I don’t like this person, because ______ ______ ______

4.9 „Zweiminutenbilder“

Kompetenzen:	Eine Information aus einem Text erfassen und grafisch darstellen, überfliegendes Lesen, gezieltes Lesen
Anwendungsbereiche:	Textarbeit
Klasse:	ab Klasse 5
Dauer:	15 bis 30 Minuten
Vorbereitung:	zu einem Text Satzstreifen herstellen
Material:	Satzstreifen, leere Blätter und Filzstifte, vollständiger Text
Sitzordnung:	Hufeisen, Kreis oder Halbkreis, eventuell auch frontal (siehe Variation)
Sozialform:	Einzelarbeit oder Partnerarbeit
Risiko:	keins

In diesem Verfahren stellen Schüler einzelne Sätze eines Textes grafisch dar. Die anderen durchsuchen („scanning“) bei jedem Bild den gesamten Text, um den betreffenden Satz zu finden. Alle Schüler bekommen die Möglichkeit, neues Wissen bildnerisch zu interpretieren und es in vorhandene Strukturen einzubauen. Gleichzeitig lernen sie, den Text durch die Brille der anderen zu sehen, und erschließen sich so weitere Facetten.

Verlauf

Suchen Sie einen passenden Text aus und erstellen Sie Satzstreifen. Entweder sind dies einzelne, im Text enthaltene Sätze, von denen Sie glauben, dass man sie gut darstellen kann, oder Sie zerschneiden einen kompletten Text, in dem jeder Satz gut darstellbar ist. Das ist nicht zeitaufwändig. Man kann die Sätze gut in der Pause mit einem dicken Filzstift auf DIN-A5-Blätter schreiben. Die Anzahl der Streifen richtet sich nach der Schülerzahl.

Die besten Erfahrungen habe ich gemacht, wenn zwei Schüler zusammen einen Satz bearbeiteten. Also braucht man in einer Klasse mit 26 Schülern mindestens 13 Satzstreifen. Halten Sie zusätzlich für die schnellen Schüler noch einige Streifen in Reserve.

Erläutern Sie den Schülern die Methode: Der Text „xy“ wurde in Streifen zerschnitten (oder: Aus dem Text xy wurden Sätze entnommen und auf Streifen geschrieben). Jeder von euch zieht einen Satzstreifen und liest, was darauf steht. Fragt nach, wenn ihr etwas nicht versteht.

Auf mein Zeichen hin holt ihr euch einen Stift und ein Blatt. Stellt die Information aus eurem Satz in einer sehr einfachen Zeichnung dar. Ihr habt zwei Minuten Zeit. Achtet darauf, dass die anderen euren Satzstreifen und eure Zeichnung nicht sehen.

Sie können ein Beispiel an die Tafel malen, etwa: Es soll dargestellt werden, dass knapp 25 Prozent der Bevölkerung Schwarze sind.

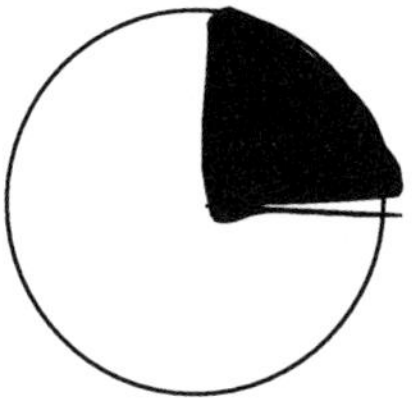

Nachdem jeder einen Streifen gezogen hat, ist noch Zeit, um Verständnisfragen zu beantworten. Danach holen sich alle ein DIN-A4-Blatt und einen Filzstift und fangen an zu zeichnen. Nach zwei Minuten hören die Schüler auf und bringen die Stifte zurück.

Nun werden die vollständigen Texte ausgeteilt und der erste Freiwillige legt sein Werk in die Mitte des Raumes auf den Boden. Alle durchsuchen den Text nach dem passenden Satz. Wer glaubt, die Stelle gefunden zu haben, meldet sich und liest sie vor. Wenn es richtig ist, bestätigt der „Künstler“ dies und legt seinen Satzstreifen neben das Bild. So ergibt sich eine Bildergeschichte mit Untertiteln.

Je nach Intention kann man nun die Textstreifen umdrehen und nur die Bilder liegen lassen und wieder versprachlichen. So kann man Voraussetzungen für einen kleinen Vortrag schaffen. Schließlich werden alle Bilder als Gedächtnisstütze im Raum ausgehängt (eventuell mit den Satzstreifen).

Variationen

Man kann die frontale Sitzordnung wählen, wenn man genügend Klebestreifen oder Magnete für die Tafel oder die Wand hat, wo dann das „Gesamtwerk“ entsteht.

Man kann zu Beginn den Text lesen oder hören lassen, von einem Tonträger oder jemand liest laut vor. Das bietet sich besonders für Lieder an – wie bei unserem Beispiel. Genauso ist möglich, das Lied zum Schluss vorzuspielen.

Wenn es sich um umfassende Lernszenarien handelt, wählt vielleicht nur eine Schülergruppe die Darstellung in Zweiminutenbildern (die anderen arbeiten in der Zeit an einem Gedicht, einem Interview oder Rätsel zum Text). Dann empfiehlt es sich, dass sich die Schüler selbst aus einem Text einige Stellen heraussuchen, die sie grafisch umsetzen wollen.

Man kann die „Botschaft“ eines Textes darstellen lassen. Dann kommen die Sprecher der Gruppe oder des Paares nach vorne und erklären ihre Darstellung.

Man kann die Sätze statt als Zeichnung auch als Zweiminutenpantomime mit minimalistischen Bewegungen darstellen lassen. Die Zeit von zwei Minuten bezieht sich hier auf die Darstellungsdauer, für die Erarbeitung brauchen die Schüler etwas mehr Zeit.

Weiterführende Aktivität
Bilder und Satzstreifen dienen als Hilfen bei kleineren freien Vorträgen vor der Klasse.

Risiko
Ich habe es in 20 Jahren nur einmal erlebt, dass ein Schüler meinte, etwas Obszönes malen zu müssen (obwohl der Inhalt des Satzes dies nun wirklich nicht hergab).

Ansonsten lief die Übung stets sehr ruhig und konzentriert ab, begleitet von Fröhlichkeit, Staunen und Freude, wenn das Bild erkannt wurde.

Kommentar und Differenzierungspotential
Diese Methode ermöglicht einen ganzheitlichen Zugang zu einem Text. Besonders die visuellen und kreativen Lernerpersönlichkeiten werden angesprochen. Für uns Lehrer sind die Ergebnisse in besonderem Maße erhellend, weil ganz deutlich wird, dass Informationen in jedem Gehirn anders verarbeitet werden und Wissen individuell konstruiert wird.

Individuelle Umsetzungen sind einerseits für die Aneignung des Textes wichtig, andererseits eröffnen sie anderen Betrachtern oft neue Perspektiven auf den Text und erweitern so das Verständnis des Einzelnen.

„Abfallprodukt“ der Such- und Rateaufgabe (Ordne die Textstelle den Bildern zu!) ist ein ständiges Durchsuchen des eigentlichen Textes – eine ausgezeichnete Übung für eine wichtige Lesestrategie.

Arbeitsblatt „Zweiminutenbilder"

Fach: Deutsch
Thema: Gedichte

Kurt Tucholsky (1890–1933)
Augen in der Groß-Stadt (1930)

Wenn du zur Arbeit gehst
am frühen Morgen,
wenn du am Bahnhof stehst
mit deinen Sorgen:
    da zeigt die Stadt
    dir asphaltglatt
  im Menschentrichter
  Millionen Gesichter:
Zwei fremde Augen, ein kurzer Blick,
die Braue, Pupillen, die Lider –
Was war das? vielleicht dein Lebensglück …
vorbei, verweht, nie wieder.

Du gehst dein Leben lang
auf tausend Straßen;
du siehst auf deinem Gang,
die dich vergaßen.
    Ein Auge winkt,
    die Seele klingt;
  du hasts gefunden,
  nur für Sekunden …
Zwei fremde Augen, ein kurzer Blick,
die Braue, Pupillen, die Lider;
Was war das? kein Mensch dreht die Zeit zurück …
Vorbei, verweht, nie wieder.

Du musst auf deinem Gang
durch Städte wandern;
siehst einen Pulsschlag lang
den fremden Andern.
    Es kann ein Feind sein,
    es kann ein Freund sein,
    es kann im Kampfe dein
    Genosse sein.
  Es sieht hinüber
  und zieht vorüber …
Zwei fremde Augen, ein kurzer Blick,
die Braue, Pupillen, die Lider.
Was war das?
    Von der Menschheit ein Stück!
Vorbei, verweht, nie wieder.

Arbeitsblatt „Zweiminutenbilder“

Fach: Deutsch
Thema: Gedichte

Den Text auf dem Kopierer vergrößern und in Streifen schneiden

Wenn du zur Arbeit gehst
am frühen Morgen

wenn du am Bahnhof stehst

im Menschentrichter

Millionen Gesichter

Zwei fremde Augen, ein kurzer Blick

die Braue, Pupillen, die Lider

Du gehst dein Leben lang
auf tausend Straßen

Ein Auge winkt

du hasts gefunden,
nur für Sekunden

kein Mensch dreht die Zeit zurück

Vorbei, verweht, nie wieder.

Es kann ein Feind sein

es kann ein Freund sein

Es sieht hinüber

Von der Menschheit ein Stück!

5. Kooperation mit Partnern ... ist der Schlüssel

Stellen Sie sich vor, es ist Studientag und Sie gehen hin. Der Vormittag soll in Partnerarbeit verbracht werden – so haben es die geschulten Moderatoren nach langen Diskussionen beschlossen und liebevoll vorbereitet. Ihre Freundin Jutta ist nicht da. Wie beim letzten Studientag hat sie sich auch dieses Mal nicht so gut gefühlt. Darum finden alle einen Partner – nur Sie nicht. „Noch jemand ohne Partner?" Sie melden sich. Man ruft aus, dass Frau X noch einen Partner oder eine Partnerin braucht. Wie befürchtet meldet sich Frau Y. Mit Frau Y haben Sie schon beim letzten Studientag zusammengearbeitet. Als die Ergebnisse vorgestellt werden sollten, haben Sie sich bedeckt gehalten und Frau Y daran gehindert, doch noch etwas von den unausgegorenen Gedanken, die sie Ihnen die ganze Zeit schon erzählt hat, hinzuzufügen, es wäre einfach nur peinlich geworden.

So könnte man sich die Situation einiger Schüler vorstellen. Schüler sollen lernen zu kooperieren – miteinander, in Gruppen, mit den Lehrern, mit der gesamten Schulgemeinde, mit anderen Bürgern. Die Fähigkeit zur Zusammenarbeit mit anderen Menschen wird – zu Recht! – als Schlüsselkompetenz ausgewiesen. Sie wird von Arbeitnehmern und Arbeitgebern für alle Aufgaben als unabdingliche Voraussetzung genannt – also versteht es sich, dass man in der Schule anfangen muss, dies zu üben. In allen Lehrplänen erscheint Partnerarbeit als etwas unstrittig Positives. Entsprechendes findet man in den Lehrbüchern: Now talk to your partner about travelling and where you would like to go!
„America is good", sagt der eine.
"Yes, it's good", sagt der andere.
"Yes!"
Damit ist die Sache erledigt.
„Fertig!", sagen die Schüler.

„Redet doch noch etwas!", sagt der Lehrer. Da es gutwillige Schüler sind, murmeln sie noch etwas vor sich hin, werfen dabei einen Blick auf ihre Mathehausaufgaben. Dann ist die Partnerarbeitsphase vorbei.

Aber zu zweit ist besser als allein, vor allem wenn die kommunikative Kompetenz gefördert werden soll, oder doch nicht?

Doch! Auf jeden Fall! Ich möchte hier keinen Zweifel lassen: Ich bin eine große Befürworterin von Partnerarbeit. Nur: Wenn man den Gesichtsausdruck von Schülern beobachtet, sobald es heißt: „Partnerarbeit!" oder „Gruppenarbeit!", merkt man, dass es damit auch Probleme geben kann.

Erstens setzt für einige ein immenser Sozialdruck ein, der ihre gesamte Aufmerksamkeit bindet (siehe dazu mehr im Kapitel „Imagepflege"), zweitens haben einige bereits schlechte Erfahrungen mit Partnerarbeit gemacht. Da wurde gestritten oder die Arbeit auf eine Person abgeschoben, da hat einer den anderen nicht zum Zug kommen lassen oder es war so unproduktiv und langwierig, dass man die Aufgabe besser allein gelöst hätte. Auf diese Schwierigkeiten muss man sich einstellen.

Partnerarbeit ist ein sehr geeignetes Mittel, um Kooperation in einem überschaubaren Rahmen zu üben, jedoch muss

1. sich die Aufmerksamkeit auf das Thema und nicht primär auf soziale Ängste und Ärgernisse richten können und
2. Partnerarbeit die für diese Aufgabe sinnvolle Methode sein, d. h., sie muss bessere Ergebnisse bringen als die Einzelarbeit.

Nur so wird Kooperation vermittelbar und einsichtig.

Es empfiehlt sich, die Partnerwahl unterschiedlich ablaufen zu lassen. Es kann der Sitznachbar sein, muss es aber nicht immer. Partner können sich finden nach:

- Eigener Wahl
- Zufallsprinzip
  - Man teilt Knöpfe (Paare) aus. Dieselben Knöpfe arbeiten zusammen.
  - Man hält lange Wollfäden (Hälfte der Teilnehmer) in der Mitte zusammen, alle greifen sich ein Ende, man lässt los, die Partner sind gefunden.
  - Man verbindet das mit einer Übung, z. B. einer Bildbeschreibung: Man schneidet Bilder in zwei Hälften auseinander. Die Schüler müssen ihre Teile verbal beschreiben, nicht zeigen, und den passenden Partner suchen.
  - Man bringt „seelenverwandte" Schüler zusammen (siehe Methode „Gleichgesinnte").
  - Man teilt die Klasse in zwei Hälften und zählt jede Gruppe ab, z. B. von 1 bis 14, dann finden sich die Einser, die Zweier etc.
- Leistung (siehe Karten „Tieridentitäten"). Man kann relativ homogene als auch heterogene Partner zusammenbringen.
- Man kann Schülern vorschlagen, feste Tandems zu bilden. Meist werden Jungen von Mädchen „gecoacht", die wesentlich leistungsstärker sind, was meiner Erfahrung nach gut akzeptiert wird.

Partnerarbeit ist nur dann sinnvoll, wenn der Partner eine echte Funktion hat, d. h., wenn man ihn braucht, weil die Aufgabe sonst gar nicht oder mit erheblich geringerem Erfolg gelöst werden kann. Die in diesem Kapitel aufgeführten Methoden sind:

- „Fragen auf den Tisch“
- „Faltblatt“
- „Mauerblümchen“

Die Variationen der Partnerarbeit in Methoden wie „Find someone who“, „Umfragen“ sowie „Kugellager“ und „Doppelkreis“ (in vielen Methodenbüchern erwähnt) sind im weiteren Sinne auch Partnerarbeit und vor allem für ungeübte Schüler sehr gute Vorübungen. Sie sind nur sehr kurze Zweierbegegnungen und haben das Ziel, eine Informationslücke zu schließen.

5.1 „Fragen auf den Tisch“

Kompetenzen:	diktieren, nach Diktat schreiben, überfliegendes Lesen, gezieltes Lesen, Erproben von Strategien effektiver Partnerarbeit
Anwendungsbereiche:	Textarbeit, Einführung, Wiederholung
Klasse:	ab Klasse 5
Dauer:	20 bis 30 Minuten
Vorbereitung:	13 Fragen auf Zettel schreiben, Lösungsblatt erstellen
Material:	Text, 13 Fragen auf DIN-A6-Zetteln, mehrere Lösungsblätter
Sitzordnung:	Tische in Hufeisenanordnung, ein Tisch in der Mitte mit Fragen
Sozialform:	Partnerarbeit
Risiko:	gering

13 Fragezettel, die in der Mitte des Raumes auf einem Tisch ausliegen, geben den Impuls, in Partnerarbeit möglichst schnell und effektiv Antworten in einem Text zu finden. Das Verfahren kombiniert die Methode des Laufdiktats mit gezielter Informationsentnahme aus einem Lesetext. Diese Raumanordnung ist für die Methode wichtig; dabei sitzen sich die Partner jeweils gegenüber. In der Mitte steht der Tisch mit den Fragezetteln:

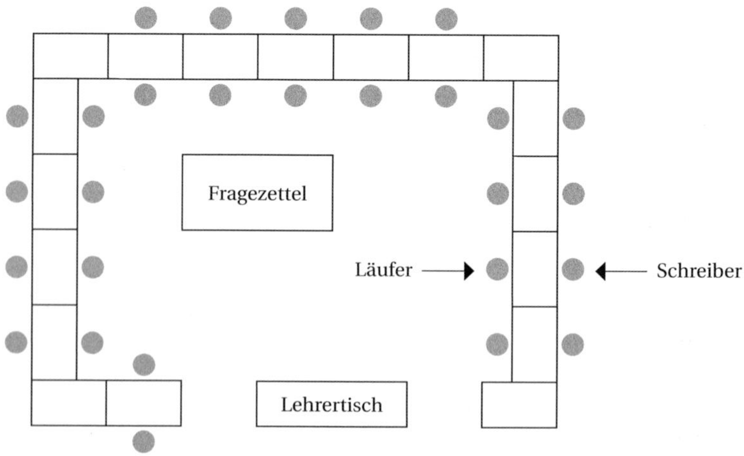

Verlauf

Sie hängen an mehreren Stellen in der Klasse Lösungsblätter auf, z. B. an der Tür, an der Tafel usw. Alle Schüler bilden Paare und entscheiden, wer von ihnen der Läufer und wer der Schreiber ist. Jedes Paar bekommt einen Lesetext. Das kann auch eine Seite in einem Buch sein. Dieser Text liegt aufgeschlagen auf dem Platz der beiden. Der Schreiber notiert die Zahlen 1 bis 13 untereinander mit Abstand dazwischen auf einem Zettel.

Auf einem Tisch in der Mitte der Klasse liegen 13 nummerierte Zettel, auf denen Fragen zum Text stehen. Alle Läufer stellen sich im inneren Bereich der Tischanordnung auf, sodass sie schnell hin- und herlaufen können; die Schreiber sitzen an ihren Plätzen.

Der Läufer läuft zum Tisch, liest eine Frage, rennt zurück und diktiert sie dem Schreiber, z. B.: „Nummer vier – wo im Haar findet die Zellteilung statt?“ Dann suchen sie gemeinsam nach der richtigen Lösung im Text und notieren sie hinter der Frage.

Es ist auch möglich, dass sich der Läufer auf das Diktieren konzentriert und schon wieder zum Fragetisch läuft, während der Partner die Antwort allein sucht. Man kann die Rollen auch in der Halbzeit wechseln.

Das Ziel ist, so viele Fragen wie möglich in der vorgegebenen Zeit (z. B. 13 Minuten oder auch länger) zu beantworten. Die Reihenfolge spielt keine Rolle. Während der Arbeit darf nur geflüstert, die Fragen auf dem Tisch dürfen nicht angefasst werden.

Wenn die Zeit um ist, ertönt ein Signal. Nun vergleichen alle ihre bisher gefundenen Antworten mit den ausgehängten Lösungsbögen und notieren die Anzahl der richtigen Antworten.

Wenn die Methode für die Schüler noch neu ist, können Sie am Beispiel einer Frage das Verfahren mit einem Partner vormachen und die verschiedenen Strategien (siehe oben) erläutern.

Differenzierung nach Tempo: Die Paare, die vor der Zeit fertig sind, holen sich vom Lehrertisch leere Zettel, denken sich eigene Fragen aus, schreiben sie auf und legen sie zu den anderen Fragen. Die Antworten dazu notieren sie auf einem der Lösungsblätter.

Schließlich werden im Plenum die Sachfragen geklärt, aber auch die verschiedenen Strategien besprochen.

Risiko

Das Risiko dieses Verfahrens ist sehr gering. Auch disziplinschwache Gruppen verstehen die Regeln meist gut und halten sich daran. Es ist wichtig zu betonen, dass die Fragezettel liegen bleiben, dass man leise hin- und herläuft und flüstert. Es eignen sich solche Texte, bei denen die Reihenfolge zur Sinnerfassung nicht wesentlich ist.

Kommentar und Differenzierungspotential
Diese Methode beinhaltet Elemente des Laufdiktats, ist aber etwas „sinnhafter", weil sie gleichzeitig die Motivation für das Lesen eines Textes schafft und daher weit integrativer ist in Bezug auf die Fertigkeiten und Fähigkeiten, die hier geübt werden können. Sie ist außerdem einfacher in der Handhabung. Das Material kann man leicht in zehn Minuten herstellen, den Text gibt es im Lehrbuch.

Zudem bietet diese Übung eine gute Möglichkeit, Kooperation zu üben und verschiedene Strategien auf Effektivität auszuprobieren. Die „Erfinder" sind hier gefragt. Der Weg zur Frage und zurück begünstigt die kinästhetischen Lerntypen und beruhigt die „Zappler". Die Kleinschrittigkeit der Arbeit und die Möglichkeit, erst die leichten, dann die schweren Fragen zu bearbeiten, nimmt Druck weg und verhilft zu Erfolgserlebnissen (Differenzierung nach Umfang und Tempo).

Die Möglichkeit, selbst die Reihenfolge und die Strategie zu wählen, trägt zu eigenverantwortlichem Arbeiten bei. Die „Wettkämpfer" fühlen sich herausgefordert, möglichst viel zu schaffen und möglichst noch eigene Fragen zu formulieren (Differenzierung nach Schwierigkeitsgrad). Die sehr leistungsstarken Schüler steuern eigene Fragen bei. Sie können nachher aus allen Fragen ein Quiz entwickeln. Die Motivation, den Text zu lesen, ergibt sich von selber. Insgesamt ist diese Methode ideal für „Differenzierungsanfänger".

Arbeitsblatt „Fragen auf den Tisch“

Fach: Chemie
Thema: Haare färben – Fragenblatt

1. Welche Haarfarbe war schon in Rom populär?	7. Was ergibt den neuen Farbton bei der Koloration?
2. Welche Aufhellungsmittel für Haare gab es in der Antike?	8. Welche drei Komponenten sind in Kolorationsmitteln enthalten?
3. Wie heißt das Protein, aus dem die Haarsubstanz besteht?	9. Wodurch quillt das Haar bei der Koloration?
4. Wo im Haar findet die Zellteilung statt?	10. Was wird durch oxidative Zerstörung aufgehellt?
5. Welche elektrische Ladung haben die Farbstoffmoleküle der Tönungsmittel?	11. Wie unterscheidet sich die Wirkung einer Koloration von der einer Tönung?
6. Werden die natürlichen Haarpigmente bei der Tönung verändert?	12. Mit welchem natürlichem Stoff im Haar reagieren die Moleküle der Farbstoffvorprodukte?
Als Textgrundlage für diese Fragen können Sie die Seite 204 aus dem Kapitel „Buntes Haar – schönes Haar?“ in „Chemie im Kontext“, Cornelsen Verlag, Berlin 2006, nehmen oder den Text auf dem nächsten Arbeitsblatt.	13. Wie ist der Haarschaft beschaffen?

Arbeitsblatt „Fragen auf den Tisch“

Fach: Chemie
Thema: Haare färben – Text

Haare färben

Schon in der Antike wollten die römischen Frauen ihre Haarfarbe verändern: Das Blond der Germanen und Gallier galt als besonders schick. Darum rührten sie Hennabrei an oder probierten Mischungen aus Kalk, Meerwasser und den Extrakten der Kamille aus. Ebenfalls Erfolg versprachen ständige Waschungen mit Birkenasche oder das Bleichen der Haare in der Sonne.

Heute machen eine Vielzahl von Haarfärbemitteln und Tönungen die Sache sehr viel einfacher. Doch wie ist ein Haar eigentlich aufgebaut?

Mit wenigen Ausnahmen (z. B. Lippen oder Handinnenseiten) ist die gesamte äußere Haut des Menschen behaart. Jedes Haar besteht aus zwei Teilen: dem Haarschaft und der Haarwurzel. Die Wurzel befindet sich in der Haut; sie kann man nicht sehen. In ihr finden Zellteilungen und Stoffwechselprozesse statt, wodurch das Haar wächst, im Durchschnitt ungefähr einen Zentimeter im Monat. Der Haarschaft ist abgestorben und verhornt.

Hauptbestandteil der Haare ist das aus Aminosäuren zusammengesetzte Eiweiß Keratin.

Tönung

Im Keratin befinden sich elektrisch negativ aufgeladene Aminosäurerestgruppen. Die in einem Tönungsmittel enthaltenen Farbstoffmoleküle sind elektrisch positiv geladen und werden von den negativ geladenen Gruppen im Haar angezogen. Sie lagern sich in der oberen Haarschicht an und bilden eine dünne Schicht um das Haar herum, die jedoch mit dem Waschen nach und nach wieder verschwindet. Die eigene Haarfarbe und die Farbe des Tönungsmittels ergeben zusammen die neue Haarfarbe. Die natürlichen Haarpigmente werden nicht verändert.

Koloration

Die Hauptbestandteile sind Ammoniaklösung, Wasserstoffperoxidlösung und Farbstoffvorprodukte. Die Ammoniaklösung ist basisch und bringt das Haar zum Aufquellen. Wasserstoffperoxid dringt in das Haar ein und führt zu einer Aufhellung der natürlichen Haarpigmente durch oxidative Zerstörung. In das aufgequollene Haar dringen die Moleküle der Farbstoffvorprodukte ein und reagieren im Keratin des Haars miteinander zu großen Farbstoffmolekülen. Diese verteilen sich im Keratin und sind kaum wieder auswaschbar. Die neue Farbe des Haars entsteht durch die aufgehellten natürlichen Pigmente und die eingelagerten neuen Farbstoffpigmente.

Arbeitsblatt „Fragen auf den Tisch“

Fach: Chemie
Thema: Haare färben – Lösungsblatt

1. Blond
2. Hennabrei, Kalk, Meerwasser, Kamilleextrakt, Birkenasche, Bleichen in der Sonne
3. Keratin
4. In der Haarwurzel
5. Positive Ladung
6. Nein
7. Das Zusammenspiel der neu eingelagerten Farbstoffpigmente mit den aufgehellten natürlichen Pigmenten des Haars
8. Ammoniaklösung, Wasserstoffperoxidlösung, Farbvorstufenprodukte
9. Wasserstoffperoxid dringt in das Haar ein.
10. Die natürlichen Haarpigmente
11. Der farbige Film wäscht sich bei der Tönung allmählich wieder aus, bei der Koloration bleiben die Farbstoffmoleküle dauerhaft im Haar.
12. Mit dem Keratin
13. Der Haarschaft ist tot und verhornt.

5.2 „Faltblatt“

Kompetenzen:	Texte mündlich ergänzen, erinnern und flüssig vorlesen, Fachbegriffe im Kontext verwenden
Anwendungsbereich:	Erschließung, Übung, Vorbereitung auf kleine Vorträge mit Schlüsselwörtern
Klasse:	ab Klasse 5, je nach Text
Dauer:	10 bis 20 Minuten
Vorbereitung:	Faltblatt mit zwei verschiedenen Lückentexten herstellen
Material:	Faltblatt für jeden Schüler
Sozialform:	Partnerarbeit
Sitzordnung:	beliebig
Risiko:	keins

Bei dieser Methode haben die Partner die unterschiedlichen Seiten eines gefalteten Blattes vor sich. Die Lücken, die Partner A (mündlich) füllen muss, hat Partner B auf seiner Seite als Text und umgekehrt. Es wird nur gesprochen, nicht geschrieben. Der Trainingserfolg ist abhängig von der gegenseitigen Unterstützung der Partner.

Verlauf

Jeder Schüler bekommt ein Faltblatt und sucht sich einen Partner. Jeder macht sich mit dem Text vertraut, wobei er noch auf beide Seiten schauen darf. Dann werden die Seiten Partner A und Partner B zugeordnet. Möglicher Zwischenschritt: Die Schüler markieren durch Einkreisen die Textstellen, die ihrem Partner fehlen, damit sie nachher gezielt unterstützen und beraten können.

Dann wird das Blatt gefaltet und so gehalten, dass man nur die eigene Seite sieht. Partner A liest seinen Text vor und ergänzt dabei die Lücken. Partner B hilft, lobt und bestätigt. Nun wird getauscht. Das wiederholt sich, bis beide ihren Text relativ flüssig lesen können.

Dann werden die Seiten gewechselt. Für jeden Durchgang notieren die Partner einen Strich. Es wird nichts geschrieben. Ziel ist, in zehn Minuten möglichst viele Durchgänge zu schaffen und nachher beide Lückentexte ohne Hilfe vorlesen zu können.

Demonstrieren Sie den Ablauf unbedingt vorweg mit einem Schüler, um die Funktion des Partners (helfen, Feedback), das Dokumentieren der Durchgänge (Striche machen) und den Wechsel der Seiten zu verdeutlichen.

Zum Schluss nehmen sich alle eine Seite vor und füllen die Lücken schriftlich aus.

Anschlussaktivität: Jetzt sucht jeder aus dem Lückentext zehn Stichwörter aus und schreibt sie auf einen Spickzettel. Diese Hilfe und der vorher fast auswendig gelernte Text dienen als Grundlage für einen zweiminütigen Vortrag.

Variationen

Entsprechend des Lernschwerpunktes kann man die Lücken gezielt entweder in Bezug auf Inhaltswörter oder in Bezug auf grammatische Strukturen ausrichten, also z. B. Verben in der Vergangenheit weglassen und ergänzen lassen.

Kommentar und Differenzierungspotential

Die Differenzierung nach Anzahl der Durchgänge klappt eigentlich immer. Im Sprachunterricht wirkt sich der hohe Sprechanteil günstig aus und durch die häufige Wiederholung können sich Satzmuster gut einprägen.

In anderen Fächern werden die Ergänzungen mehr Inhaltswörter und Fachbegriffe umfassen.

Besonders die „Wettkämpfer“ und die „Freunde“ werden hier angesprochen. Das Erfolgserlebnis wird für jeden schnell erfahrbar, wenn er die Lücken zunehmend schneller ausfüllen und den Text immer besser bewältigen kann.

Eine sehr gute Übung für „Differenzierungsanfänger“: Sie läuft völlig klar strukturiert und geordnet ab, alle sind aktiv, alle haben ein Erfolgserlebnis. Auch zur Einübung von Partnerarbeit ist diese Methode besonders geeignet, da die Aufgaben des Partners auf der Hand liegen.

Arbeitsblatt „Faltblatt“

Fach: Deutsch
Thema: Der Schriftsteller Christoph Hein

Text A

Christoph Hein wurde __________ in Heinzendorf im heutigen Polen geboren. Er wuchs in einer __________ Kleinstadt auf. Bis 1961 besuchte er ein __________ in Westberlin. Seit __________ __________ lebte er wieder in Ostberlin und war dort Montagearbeiter, Kellner, Buchhändler und Regieassistent Benno Bensons an der __________. Von 1967 bis 1971 studierte er __________ in Leipzig und Berlin. Danach war er Dramaturg, später Autor an der __________. Er lebt in Berlin.

Text B

Christoph Hein wurde 1944 in __________ im heutigen Polen geboren. Er wuchs in einer sächsischen Kleinstadt auf. Bis __________ besuchte er ein Gymnasium in __________. Seit Errichtung der Mauer lebte er wieder in __________ und war dort Montagearbeiter, Kellner, Buchhändler und Regieassistent Benno Bensons an der Volksbühne. Von 1967 bis __________ studierte er Philosophie in __________ und Berlin. Danach war er Dramaturg, später Autor an der Volksbühne. Er lebt in __________.

Arbeitsblatt „Faltblatt“

Fach: Englisch
Thema: Eating Habits

A
Work with a PARTNER.
Speak. DO NOT WRITE.

For breakfast I usually __________ toast with __________ and jam and milk. I never have cheese or salami __________ breakfast. S__________ I have cornflakes. At school I eat my p__________ lunch or I buy myself a r__________ with cheese at the cafeteria. When I __________ home after school I always have a g__________ of juice or lemonade and sometimes I eat a piece of c__________. In the evening my __________ always has dinner together. My father does m__________ of the cooking. On w__________ we sometimes have scrambled e___ or fried eggs for breakfast. We always have rolls fresh from the b__________’s. We se__________ go to a restaurant, maybe once a month. We sometimes buy f__________ food. I like some kinds of fast food. My f __________ fast food is pizza.

B
Work with a PARTNER.
Speak. DO NOT WRITE .

For breakfast I __________ have toast __________ butter and jam and milk. I never have cheese or salami for __________. Sometimes I have c__________. At school I eat my packed l__________ or I buy myself a roll with cheese __________ the cafeteria. When I get __________ after school I always have a glass of j__________ or lemonade and sometimes I eat a p__________ of cake. In the evening my family always has __________ together. My father does most of the c__________. On weekends we s__________ have scrambled eggs or fried eggs for breakfast. We a__________ have rolls fresh from the baker’s. We seldom go to a restaurant, maybe o__________ a month. We sometimes buy fast f__________. I like some kinds of fast food. My favourite fast food is p__________.

5.3 „Mauerblümchen“

Kompetenzen:	Sätze diktieren und nach Diktat aufschreiben, Sätze inhaltlich strukturieren
Anwendungsbereich:	Warming-up/Einführung
Klasse:	ab Klasse 5, je nach Text
Dauer:	ca. 10 Minuten
Vorbereitung:	kurze Sätze oder Wörter auf größere Klebezettel schreiben, ein Lösungsblatt erstellen
Material:	etwa 14 bis 20 Klebezettel in zwei Farben, Sätze z. B. gelb, Wörter grün; Lösungsblatt
Sozialform:	Partnerarbeit
Sitzordnung:	beliebig
Risiko:	keins

„Mauerblümchen“ (jüngere Schüler können mit dem Begriff „Ostereiersuchen“ mehr anfangen) ist ein stark gekürztes und vereinfachtes Laufdiktat, kombiniert mit einer Knobelaufgabe. Es besteht aus mehreren gleichfarbigen Klebezetteln an den Klassenwänden, auf denen einzelne Sätze oder Wörter stehen. In der richtigen Reihenfolge kann sich eine Lösung oder eine Pointe ergeben. Diese kann auf das Thema der nachfolgenden Stunde hinweisen, eine These ausdrücken oder eine Regel beschreiben. Die Schüler arbeiten zu zweit miteinander.

Verlauf

Vor der Stunde kleben Sie die Zettel an die Wände, sodass die Schüler Sie nicht beobachten können. Jeder Schüler sucht sich einen Partner. Dann erläutern Sie die Aufgabe:

a) Findet x gelbe und y grüne Zettel im Klassenraum.
b) Lest, was darauf steht, und merkt es euch. Alle gelben Zettel gehören zusammen und alle grünen.
c) Schreibt an eurem Platz auf, was auf den Zetteln steht.
d) Wenn ihr alle Zettel gefunden und alles notiert habt, bringt die Wörter/Sätze getrennt nach Farben in eine sinnvolle Reihenfolge.
e) Kontrolliert das Ergebnis mit dem Lösungsblatt (auf dem Lehrertisch).
f) Insgesamt habt ihr zehn Minuten Zeit.
g) Ihr könnt die Arbeit aufteilen: Einer läuft umher, einer schreibt oder beide laufen umher und schreiben unterschiedliche Zettel auf, dann setzt ihr gemeinsam die Teile zusammen.

Nach zehn Minuten geben Sie das Schlusszeichen. Nun werden alle Ergebnisse verglichen und besprochen.

Variationen

Für Sprachanfänger kann man zwei lange Sätze in Portionen von zwei bis drei Wörtern pro Zettel an die Wand bringen. Ein zweiter Satz (für die Schnellen) steht auf andersfarbigen Zetteln.

Zusammenfassungen eignen sich auch ganz ausgezeichnet. Es muss nicht eine „Kettenreaktion" sein wie in dem Beispiel.

Kommentar und Differenzierungspotential

Diese Methode ist ideal für den Stundenbeginn. Sie ermöglicht den Schülern, sich ein Thema laufend, sprechend und schreibend zu erschließen, während Sie sich in Ruhe für die Stunde organisieren können. Alle kommen im wahrsten Sinne des Wortes in die Gänge und beschäftigen sich mit dem Inhalt der folgenden Stunde. Kooperation und Selbstkontrolle werden geübt.

Es kann eine Differenzierung nach Arbeitstempo durch die verschiedenen Farben stattfinden (gelb = Basics, grün = Erweiterung). Die Schüler sind meist sehr motiviert, weil sie eine Suchaufgabe bekommen, sich bewegen und knobeln dürfen.

Vor allem die Kinästheten kommen zum Zuge, aber auch die „Freunde" und die „Wettkämpfer". Viel Erfolg für wenig Vorbereitungs- und Materialaufwand!

Arbeitsblatt „Mauerblümchen“

Fach: Deutsch als Fremdsprache bzw. Zweitsprache
Thema: Beschreibung

Text auf sieben gelbe Klebezettel verteilen und im Klassenzimmer unsortiert ankleben. Die richtige Reihenfolge der Sätze ist hier angegeben.

Sie heißt Frieda Schmidt.

Schmidt ist ihr Familienname und sie kommt aus Berlin.

Berlin ist die Hauptstadt von Deutschland.

Deutschland liegt in Europa.

Europa ist nur ein kleiner Teil der Erde.

Die Erde ist ein interessanter Planet.

Planeten sind Teile des Universums.

Auf sieben grüne Zettel schreiben und unsortiert ankleben:

Die Regel

ist, dass

die Sätze mit

dem letzten

Wort des

vorherigen Satzes

beginnen.

Arbeitsblatt „Mauerblümchen“

Fach: Englisch
Thema: ”Pleasantville“ – Summary

”Pleasantville“ is a 1950's soap opera.
Write on 11 yellow stickers:

David flees reality by watching ”Pleasantville“.

His sister Jennifer gets in a fight with him about a very strange remote control.

The remote control was given to them by a strange TV repair man.

They suddenly find themselves in Pleasantville, as Bud and Mary-Sue Parker.

They are black and white, wear 50's clothes and have new parents … pleasant ones.

David wants to get out of the situation as well as his sister.

Whereas he tries to blend in, she does what she likes to do.

One event leads to the other.

Suddenly there is a red rose growing in Pleasantville.

The more rules are broken, the more colorful life gets in Pleasantville, USA.

Write on 9 green stickers:

In the end

David decides

to go back to

his old life,

whereas his sister

stays

in Pleasantville

and becomes

a good student.

6. Gruppenarbeit ... kann man lernen

Auf die Ankündigung einer Gruppenarbeit reagieren Schüler oft unwillig:
„Nein, nicht schon wieder Gruppenarbeit!“
„Mit X arbeite ich nicht zusammen, der macht ja doch, was er will.“
„Wenn ich mit X und Y zusammen arbeiten soll, gehen meine Beiträge wieder unter!“
„Kann ich das nicht alleine machen, das geht viel besser?“
Oder sie begeben sich notgedrungen in ihre Gruppe, halten ein Schwätzchen, streiten mit anderen Gruppen oder lehnen sich einfach bequem zurück und lassen die anderen arbeiten.
Diese Reaktionen und die daraus folgenden Stundenverläufe führen dazu, dass viele Kollegen auf Gruppenarbeit im Unterricht verzichten. In den Lehrerzimmern hört sich das so an:
„Das ist mir zu chaotisch, zu laut, es klappt nicht.“
„Es arbeiten immer nur einzelne Schüler, der Rest ruht sich aus.“
„Wie soll ich da die Leistung des Einzelnen benoten!“
„Am Schluss interessiert sich keiner für die Ergebnisse der Anderen.“

In meinem jahrelangen Berufsalltag als zweite Pädagogin im gemeinsamen Unterricht von Kindern mit und ohne Behinderungen hatte ich in sehr vielen Stunden die Gelegenheit, Gruppenarbeit zu beobachten. Jede Stunde verlief anders als geplant! Trotzdem haben sich viele Stunden gelohnt!

Auch wenn Sie zu den Zweiflern gehören und vielleicht selbst schon unangenehme Erfahrungen mit Gruppenarbeit gemacht haben (und wer hat dies nicht), werden Sie mir bei den positiven Effekten der Methode Gruppenarbeit gewiss zustimmen:

- Lerninhalte werden besser verstanden und erinnert, wenn sie gemeinsam erarbeitet wurden.
- Der Erfahrungsschatz einer Gruppe ist größer und bietet mehr Anknüpfungspunke.
- Kommunikation wird intensiver geübt und die Präsentation des eigenen Wissens als erforderliche Methode erprobt.
- Die gemeinsame Erarbeitung der Inhalte und die Diskussion in der Gruppe tragen dazu bei, dass das Erlernte haften bleibt.

Zudem nimmt die Arbeit in Gruppen immer mehr Platz in unserem Leben ein. Je weniger hierarchisch die Strukturen sind, in denen wir uns bewegen, umso notwendiger wird die Zusammenarbeit in der Gruppe, im Team, in Gremien usw.

„Als Schlüsselkompetenz für morgen wird von der nächsten Generation etwas verlangt, was Arbeitgeber schon heute händeringend suchen: psychosoziale Kompetenz, also die Fähigkeit, gemeinsam mit anderen Menschen nach tragfähigen Lösungen für die Bewältigung gegenwärtiger und zukünftiger Herausforderungen zu suchen." (Hüther in: Hermann (Hg.), Neurodidaktik, 2006, S. 42)

Ob wir sie also mögen oder nicht: Nicht nur wir, sondern auch die Schüler müssen verstärkt lernen, in Gruppen zu arbeiten. Und das am besten im Unterricht. Dort sollte jeder Schüler ausreichend Gelegenheiten bekommen, um Erfahrungen zu sammeln und sich auszuprobieren. Nur so kann er herausfinden, welche Aufgaben sich in einer Gruppe leichter lösen lassen und welche nicht, wann ihn die Gemeinsamkeit stärkt und wann er effektiver allein arbeiten kann, welche Bereicherung die Gruppe darstellt und auf welche Weise er nicht mit anderen arbeiten möchte.

Die Effektivität der Gruppenarbeit wird immer individuell wahrgenommen und ist zudem von Lerntyp zu Lerntyp unterschiedlich.

Wenn Sie den gerade genannten Aussagen zustimmen, fällt vielleicht schon ein Teil des Drucks, mit der Gruppenarbeit alle gleichermaßen zu erreichen und zu fördern, von Ihnen ab. Dieser Anspruch kann auch mit anderen Unterrichtsformen nur selten realisiert werden. Bei der Gruppenarbeit wird die Nichtbeteiligung einzelner Schüler lediglich nach außen stärker sichtbar, wenn z. B. private Gespräche lautstark geführt werden. Außerdem hat man selbst mehr Zeit zum Beobachten, da man nicht der Hauptakteur ist, und nimmt somit diese Nebentätigkeiten der Schüler auch eher wahr.

Wenn wir also zur Gruppenarbeit auffordern, sollten es Übungen sein, bei denen die Effektivität der Gruppe deutlich ist. Und wir müssen Voraussetzungen schaffen, damit die Gruppen arbeitsfähig sind. Dazu gehört die klare Festlegung von:

a) Thema und Ziel
b) Zeitrahmen
c) Gruppenzusammensetzung und -größe
d) Materialien
e) Räume
f) Präsentation

a) Thema und Ziel

Wenn es gelingt, die Aufgabe möglichst ansprechend zu präsentieren, d.h. altersgemäß, lebensnah und gut verständlich, ist für die meisten Schüler der Einstieg in das Thema bereits angebahnt. Alle Schüler müssen verstehen, welche Aufgabe von ihnen verlangt wird, und sie brauchen das Gefühl, diese bewältigen zu können.

b) Zeitrahmen

Ähnlich verhält es sich mit der Zeitvorgabe. Ein von vornherein äußerst enger Zeitansatz fördert nicht die Motivation, mit der Aufgabe zu beginnen. Wenn es immer wieder Fristverlängerungen geben muss, führt dies bald zur Ignoranz jeglicher Zeitvorgaben.

Ein zu großzügig bemessener Zeitrahmen ist ebenfalls ungünstig, weil er zu Leerlauf führen kann. Es gehört zu den Kompetenzen, die bei der Gruppenarbeit erworben werden, sich die eigene und die Arbeitszeit der Gruppe gut einzuteilen.

c) Gruppenzusammensetzung und -größe

Das kennen wir alle: Mit manchen kann man gut, mit anderen nicht und mit wieder anderen will man nicht zusammenarbeiten. Es kommt eben auf das Ziel, die unterschiedlichen Lerntypen, den Umfang und die Zeitintensivität der Gruppenarbeit an. Sollen alle gleichberechtigt arbeiten oder braucht die Gruppe bestimmte Kompetenzen von „Fachleuten"? Ist für die Aufgabe ein starkes Vertrauensverhältnis notwendig oder ist es gerade spannend, wenn man sich kaum kennt?

Um für das jeweilige Vorhaben die entsprechende Gruppenzusammensetzung zu erreichen, sind im Folgenden ein paar Beispiele zur Gruppenbildung aufgelistet, gegliedert nach Gruppengröße und Zusammensetzung:

Zufallsgruppen (wenn es weder auf Kompetenzen und Vertrauen ankommt noch der zeitliche Umfang gering ist):

Auf Karteikarten werden die Teile von zusammengesetzten Nomen geschrieben, sodass sich immer Dreiergruppen finden können (Dach – Flächen – Fenster; Blei – Stift – Anspitzer; Haus – Tür – Klinke; Hand – Ball – Turnier; Laub – Säge – Arbeit usw.).

Mit Kartenspielen lassen sich Zweier- und Vierergruppen zusammenstellen (Skatblatt bzw. Quartett).

Einige Postkarten werden in mehrere Teile geschnitten und verteilt; die Schüler finden sich entsprechend zusammen.

Man kann Lose mit Zahlen oder Farben verteilen.

Die gesamte Gruppe stellt sich nach Größe, Haarfarbe, Alphabet des Vornamens, Geburtsdatum usw. auf, dann bilden alle Zweiten, Dritten, Vierten ... oder jeweils einer von vorn und von hinten eine Gruppe.

Neigungsgruppen (wenn Art und Umfang der Gruppenarbeit durch Freiwilligkeit der Teilnehmerinnen erfolgversprechender ist):

Am besten finden sich die Gruppen selbst nach Sympathie. Wenn bestimmte Kompetenzen gleichmäßig verteilt sein sollen, sind Vorgaben nötig. Für den Fall, dass Einzelne keine Gruppe finden oder ausgeschlossen werden, sollten Sie vorbereitet sein und steuernd eingreifen.

Thematische Gruppen: Sie bestimmen nach notwendigen Kriterien wie Leistungsvermögen, Kompetenzen, Begabungen und/oder Persönlichkeit die Zusammensetzung der Gruppe.

Homogenere oder heterogene Leistungsgruppen können nach Tieridentitäten gebildet werden (siehe S. 42).

d) Materialien

Die Gruppen mit adäquatem Material auszustatten ist für jeden Lehrer selbstverständlich, doch sicherzustellen, dass sie dieses Material in der nächsten Arbeitsphase noch parat haben, ist oft schwierig. Häufig vergisst ein Gruppenmitglied sein Material und eine ganze Gruppe wird arbeitsunfähig. Daher ist es meist am günstigsten, wenn alle wichtigen und einmaligen Arbeitsmaterialien in der Schule verbleiben.

e) Räume

In Ermangelung von Differenzierungsräumen an den meisten Schulen ist hier Ihre Kreativität gefragt, denn Gruppenarbeit in nur einem Raum ist für alle Beteiligten anstrengend. Nutzen Sie Flure, Nischen, ungenutzte Fachräume oder leer stehende Klassenzimmer (wenn z. B. andere Klassen auf Klassenfahrt sind). Das ungestörte Arbeiten der einzelnen Gruppen ist diesen Aufwand wert. Offene Türen sind wegen der Aufsichtspflicht wichtig.

f) Präsentation

Schüler müssen üben, ihr Wissen zu präsentieren und anderen dabei zuzuhören, aber nichts ist ermüdender, als den gleichen Inhalt in fast derselben Art und Weise mehrmals präsentiert zu bekommen.

Wenn die Gruppen am gleichen Thema gearbeitet haben, geht es bei der Präsentation vor allem um die Würdigung der geleisteten Arbeit, die Form der Präsentation und ein Feedback. Die Aufmerksamkeit der Zuhörer kann durch Checklisten oder präzise Aufgaben wie Zeitnehmen oder Beobachten bestimmter Verhaltensweisen gesteigert werden.

Wenn die Gruppen an unterschiedlichen Themen gearbeitet haben, deren Inhalt alle kennen sollten, sind verschiedene mündliche und/oder schriftliche Präsentationen (Referat, Ausstellungen, Plakate, Marktplatz u. a.) denkbar. Auch hier ist es günstig, die Zuhörer durch Checklisten und Aufgaben mit einzubeziehen oder sie mit Fragebögen auf Informationssuche auf Plakaten und Marktplätzen zu schicken. Wichtig ist, dass diese Kriterienlisten vor der Erarbeitung und der Präsentation allen Beteiligten zugänglich waren.

Dies sind geeignete Beobachtungsaufgaben:

- Zeiten der Redner
- Mimik und Gestik während eines Vortrags
- Sprache (verständlich, gut hörbar, laut oder leise …)
- Struktur/Logik
- Präsentationsmaterial (Plakate, Handout, Folien … gut lesbar, übersichtlich, strukturiert)
- Kooperation der Präsentanten (Abstimmung untereinander, Unterstützung, Assistenz …)

6.1 „Geschichtsdetektive"

Kompetenzen:	Teamfähigkeit
Anwendungsbereiche:	Erarbeitung eines komplexen, chronologisch eng begrenzten historischen Sachverhalts
Klasse:	ab Klasse 5
Dauer:	45 Minuten
Vorbereitung:	vorbereitungsintensiv, weil laminierte Texte und Informationskärtchen hergestellt werden müssen
Material:	laminierte (Wiederverwendung!) Texte in verschiedener Form und Länge und Informationskärtchen
Sitzordnung:	Gruppentische, wenn möglich zusätzliche Tische
Risiko:	für alle gering

„Geschichtsdetektive" ermöglicht eine lebendige Arbeit an Stationen. Die Schüler werden zu Forschern, die in beliebiger Reihenfolge Informationen zusammentragen, die ihnen nach und nach einen historischen Sachverhalt verdeutlichen. Sie arbeiten in Gruppen miteinander. Am Ende wird ein Gesamtergebnis präsentiert.

Verlauf

Am Beispiel der Boston Tea Party wird hier ein möglicher Unterrichtsverlauf beschrieben.

Als Einstieg wird ein Bild von der Boston Tea Party gezeigt. Die Schüler stellen Fragen zum Geschehen, z. B.:

- Warum sind Indianer da?
- Was ist in den Kisten?
- Weshalb wurden die Kisten ins Meer geworfen?

Diese Fragen werden an der Tafel gesammelt.

Die Lehrerin eröffnet den Schülern die fiktive Möglichkeit, nach Boston zu reisen. Sie sollen sich vorstellen, Mitglieder einer Gesellschaft für zeitgeschichtliche Fragen im 18. Jahrhundert zu sein. Als solche dürften sie eine Schiffsreise nach Boston antreten, um dort die Fragen zu beantworten.

Anschließend sollen sie einen Zeitungsartikel über ihre gewonnenen Erkenntnisse verfassen.

Gemeinsam werden mögliche Orte, die man aufsuchen könnte, an der Tafel gesammelt. Die Lehrerin verteilt nun auf verschiedenen Tischen Hinweisschilder mit den Orten und legt mitgebrachtes Informationsmaterial dazu, z. B.:

„Hafen“: Interview mit einem Hafenarbeiter (Hier erfahren die Schüler, dass Tee geliefert werden sollte);

„Vor der Stadt“: Bericht eines Indianers darüber, dass sie nie nach Boston gehen;

„An einer Häuserwand“: Plakat mit der Schrift *No Taxation without representation*;

„Zeitungsarchiv“: Zeitungsartikel über den Krieg gegen die Franzosen um Kanada.

Die Schüler wählen Neigungsgruppen, wenn nicht Tischgruppen jeweils eine Gruppe bilden sollen. Innerhalb der Gruppe soll zunächst geklärt werden, wer an welche Station geht. Die Beantwortung der Fragen an der Tafel dient als Orientierungshilfe.

Am Ende schreibt jede Gruppe einen Zeitungsartikel über die Boston Tea Party. Abschließend werden die Zeitungsartikel vorgetragen oder in der Klasse ausgehängt.

Folgende Grundstruktur ist auf andere Inhalte übertragbar:

Eine aussagekräftige Quelle wird präsentiert und die Schüler stellen Fragen dazu, die an der Tafel gesammelt werden. Die Informationen werden in unterschiedlicher Form an unterschiedlichen Stationen vorgegeben. Die Schüler gehen auf Zeitreise und sammeln puzzleartig Informationen, die sie in der Gruppe zusammentragen.

Am Ende wird das Gesamtergebnis in einem Zeitungstext oder einer Reportage (Radio, Fernsehen) der Lerngruppe präsentiert.

Variation

Einige Materialien können in der Originalsprache verfasst sein.

Kommentar und Differenzierungspotential

Die Schüler haben Spaß am Lösen von Rätseln. Ihre Neugierde wird geweckt, sie stellen Fragen, sie erfassen die historische Situation eher spielerisch. Durch das Zusammentragen von einzelnen Informationsbausteinen wird die Teamarbeit gefördert. Durch die Neigungsgruppen entsteht eine Differenzierung nach Interesse.

6.2 „Viererbande“

Kompetenzen:	Teamfähigkeit
Anwendungsbereiche:	Erarbeitung eines Sachverhalts oder Vertrautmachen mit einem Text
Klasse:	ab Klasse 5
Dauer:	20 Minuten
Vorbereitung:	Arbeitsblatt erstellen
Material:	Arbeitsblätter
Sitzordnung:	Gruppentische
Risiko:	für alle gering

In einer kleinen Gruppe müssen die Schüler für eine Gemeinschaftsleistung die Aufgaben auf vier Funktionsträger verteilen. Am Ende wird ein gemeinsames Ergebnis präsentiert.

Verlauf
Bilden Sie Vierergruppen mithilfe der Tierkarten (siehe S. 42). Jede Gruppe sitzt an einem eigenen Tisch. Besprechen Sie mit den Schülern, welche Aufgaben in der Gruppe die einzelnen Funktionsträger haben. Für die Beispielaufgabe sind das:

- Organisator/Stratege – teilt die Reihenfolge und Zuständigkeit der Aufgaben ein;
- Schreiber/Zeichner – notiert die Antworten, zeichnet das Bild;
- Präsentator/Materialbeschaffer – sorgt für Stifte und Papier, präsentiert die Ergebnisse;
- Denker/Zeitnehmer – nennt Ideen und überwacht den Zeitplan.

Zuerst soll nun jede Gruppe diese vier Rollen besetzen. Dann bekommt sie den Text (oder das Bild oder einen Gegenstand, je nachdem worauf sich die Gruppenarbeit bezieht) und ein Arbeitsblatt. Dem Beispiel liegt der Text der Fabel von Seite 87 zugrunde. Für die Bearbeitung der Aufgaben haben die Schüler zehn Minuten Zeit (oder mehr, je nach Thema).

Wichtig ist, dass am Ende der Stunde ein vorzeigbares Produkt entstanden ist: ein Bild, ein Text, eine Collage, ein Plakat, ein Sketsch usw. Bei den Aufgabenstellungen sollen möglichst unterschiedliche Begabungen und Lernerpersönlichkeiten berücksichtigt werden.

Variation

Statt eines Bildes kann am Ende auch eine kurze Szene pantomimisch oder als Sketsch vorgeführt werden.

Kommentar und Differenzierungspotential

Diese Methode baut Ängste vor Gruppenarbeit ab: Die Gruppe mit vier Teilnehmern ist überschaubar, die Ergebnisse liegen am Ende der Unterrichtsstunde vor. „Viererbande" eignet sich darum gut, um Gruppenarbeit einzuüben. Neben dem inhaltlichen Wissenszuwachs lernen die Schüler, wie die Gruppenarbeit sinnvoll aufgeteilt werden kann. Die Methode differenziert nach Begabung und Lernerpersönlichkeit.

Arbeitsblatt „Viererbande“

Fach: Deutsch

Thema: Fabel „Die Stadtmaus und die Landmaus“

Bearbeitet die folgenden Aufgaben als Gruppe. Ihr habt zehn Minuten Zeit.

1. Nennt die Tiere und die Speisen, die in der Fabel vorkommen.

   ____

   ____

2. Welche Begriffe, die in der Fabel vorkommen, verbindet man mit „Luxus“?

   ____

   ____

3. An welcher Stelle wendet sich die Geschichte?

   ____

   ____

4. Welches ist die Moral von der Geschichte? Formuliert einen Satz in moderner Sprache und schreibt ihn auf!

   ____

   ____

5. Zeichnet mit wenigen Linien (Zweiminutenskizze) die Aussage der Fabel auf die Rückseite dieses Blatts!

6. Einer von euch kommt nach vorne und stellt die Ergebnisse eurer Arbeit vor.

   ____

   ____

7. Imagepflege ... ist mehr als Kosmetik

Als Kind hasste ich den Matheunterricht, weil mein Lehrer ein – wie ich fand – gemeines Spiel mit uns spielte: Er ließ uns alle aufstehen, nannte eine Kopfrechenaufgabe und wer die Lösung wusste, durfte sich als Kaiser setzen, es folgten drei Könige, einige Grafen, viele Bauern und ich blieb mit sehr wenigen anderen als Bettelmann stehen. Ich weiß nicht, was sich mein Lehrer dabei dachte, er war wahrscheinlich der Auffassung, der Wettkampfcharakter würde uns in unserem Lerneifer beflügeln und erst recht das Bemühen, der peinlichen Situation am Schluss zu entgehen. Aber auch wenn sich alle angestrengt hätten, das Spiel braucht Bettelleute – auch bei viel Nachsicht kann ich das pädagogische Tun des Kollegen nicht anders als kränkend einstufen. Später hasste ich – obwohl ich eine gute Läuferin und Turnerin war – das Fach Sport, weil die Kollegin sich ausschließlich mit Ballspielen beschäftigte, und fing an zu schwänzen, weil ich beim Völkerball jedes Mal befürchtete, erst sehr spät gewählt zu werden, und damit meiner Ansicht nach meine vermeindliche Unbeliebtheit manifestiert wurde.

Einmal wollte eine Schülerin in meinem Unterricht partout nicht aufstehen und mit einer Wortkarte hantieren. Ich vermutete zuerst, dass ich mich falsch ausgedrückt hätte, dann dachte ich, dass sie das Wort auf der Karte nicht kannte, bis mir klar wurde, dass sie vermeiden wollte, sich mit ihrer fülligen Figur so zu exponieren. Damit will ich keineswegs sagen, dass ich immer sofort verstehe, was für die Schüler peinlich ist, aber wenigstens in diesem Fall hatte ich eine Eingebung.

Für viele Schüler sind die Schule und das damit verbundene zwischenmenschliche Geschehen ein Minenfeld oder ein Aquarium mit Trennwänden aus Glas, die wir nicht sehen. Sie schwimmen wie Fische herum, mit der festen Zielsetzung: nur nicht anstoßen. Auch wenn die Trennwand weggenommen wird – wenn z. B. der Schüler, der sie immer auslacht, längst die Klasse verlassen hat –, wird sie als existent wahrgenommen, bis hoffentlich neue neuronale Verbindungen eingegangen werden.

Jeder Schüler, der sich vor der Klasse durch Gestik, Mimik, Sprache oder Bewegung „outet“, geht ein soziales Risiko ein, über dessen Umfang wir uns als Lehrer oft nicht bewusst sind.

Es gibt viel, wovor man als Schüler Angst haben kann, etwa dass

- es herauskommt, dass die Schuhe vom Billigdiscounter sind,
- die Figur den Ansprüchen der Zeit nicht genügt,
- man sich dumm und ungeschickt anstellt,
- man so unbeliebt ist, dass bei der Ankündigung „Partnerarbeit" alle von einem abrücken,
- man seine Mütze absetzen und die schreckliche Frisur zeigen muss,
- man rot wird,
- das eigene Wort im Halse stecken bleiben könnte,
- man als Streber gehasst wird,
- man keine Freunde findet oder diese verliert,
- man einsam durch sein Schulleben laufen muss.

Und wenn er auch in seiner Dramatik lächerlich klingt und maßlos übertrieben ist – mich macht der Satz „Vor allen etwas vortragen? – Lieber sterbe ich!" immer etwas unruhig.

Manche Jugendliche haben aufgrund ihrer Leistungsdefizite, die sie als demütigend erleben, oft keine andere Chance, als den aggressiven Anführer und Verweigerer oder die Sexbombe oder Zicke vom Dienst zu spielen. Dies ist oft der Fall bei Jugendlichen mit einem kulturellen Hintergrund, in dem Gesichtsverlust für ihre Lebenssituation besonders wirksame Konsequenzen bedeutet. Aber nicht nur hier. In Neuseeland gab es eine Studie über Jugendsprache, in der herausgefunden wurde, dass die Entschuldigung und Abwehr „Wie langweilig!" eigentlich bedeutete „Es ist mir zu schwer!". Und wie oft sagen leistungsschwache Jugendliche: „Kann ich doch. Weiß ich doch!", weil das Zugeben von Fehlern und Misserfolgen unerträglich zu sein scheint und weil sie meinen, dass wir sowieso nicht verstehen, worum es eigentlich geht.

Zu den größten Herausforderungen des Lehrerberufs gehört es, Schüler dazu zu bewegen, ihre Vermeidungstechniken zu verlassen und sich dem Risiko zu stellen, Konflikte zu riskieren, die sich aus dem Neuen ergeben. Doch wir werden keine Chancengerechtigkeit erreichen, wenn wir Lehrer unsere Schüler nicht ermutigen und Unterrichtsverfahren anwenden, die Erfolge für alle zulassen und Fehler als Lernmöglichkeit würdigen.

Jetzt fragen vielleicht einige Leser, wie sie dieses Klima in ihrer Klasse herstellen können. Sie finden in diesem Kapitel einige Hilfen, wie man mit bescheidenen „Bordmitteln" Verletzungen und Kränkungen vermeiden kann. Dazu gehört die Methode „Stille Schule", die Gesichtsverlust beispielhaft minimiert.

7.1 „Stille Schule“

Kompetenz:	hören, verstehen, bewerten
Anwendungsbereich:	Wiederholung, Feedback über Wissens- und Verstehensstand
Klasse:	ab Klasse 5
Vorbereitung:	ggf. als Gedächtnisstütze richtige und falsche Aussagen auf einem Blatt notieren
Material:	keins
Sitzordnung:	beliebig
Sozialform:	alle agieren einzeln
Risiko:	keins

Bei dieser Methode müssen sich die Schüler entscheiden, ob mündliche Aussagen zu einem bestimmten Thema richtig oder falsch sind. Sie bewerten die Aussage, indem sie bei geschlossenen Augen nonverbal reagieren.

Verlauf
Alle Schüler schließen die Augen. Die Lehrerin liest Aussagen vor: z. B. zum Thema „Spinnen“:

- Die Spinne ist ein Gliederfüßler.
- Die Spinne hat Punktaugen.
- Spinnen atmen durch Kiemen.
- Spinnen bringen ihre Jungen lebend zur Welt.

Wer meint, dass die Aussage richtig ist, hebt die Hand. Wer meint, dass sie falsch ist, macht nichts. Dabei bleiben die Augen noch geschlossen. Die Lehrerin wartet etwa vier Sekunden und gibt dann die Bestätigung, z. B.:

- Ja, das stimmt, Spinnen haben Punktaugen.
- Nein, das stimmt nicht, Spinnen atmen durch Tracheen.

Nun dürfen die Augen geöffnet werden. Ob die Schüler nur kurz die Ergebnisse der anderen zur Kenntnis nehmen oder ob die Antworten protokolliert werden, hängt vom folgenden Unterrichtsverlauf und dem Thema ab.

Risiko und Variation
Vielen Schülern ist es unangenehm, mit geschlossenen Augen beobachtet zu werden. Sie vertrauen nicht darauf, dass alle anderen wirklich die Augen ge-

schlossen halten. In diesem Fall legen sie den Kopf auf einen Arm, statt die Augen zu schließen. Die andere Hand können sie dann heben.

Eine inhaltliche Variation besteht darin, dass man Meinungen und Wertungen erfragen kann, z. B.:

- Wer findet, dass Familien bei jeder Mahlzeit am Tisch zusammen essen sollten?
- Wer findet, dass an unserer Schule Mobbing ein Thema ist?

Hier müssen die Ergebnisse protokolliert werden; man kann an der Tafel die Anzahl der Meinungen notieren und anschließend darüber diskutieren. Der Vorteil ist, dass jeder anonym seine Meinung sagen kann und von den Meldungen der anderen unbeeinflusst bleibt.

Kommentar und Differenzierungspotential

Alle hören sehr genau zu, nutzen ihr Vorwissen und ihre Ideen, kommen zu einer Entscheidung und erfahren im Fall von Faktenwissen ein schnelles Feedback. Die Methode hilft zudem uns Lehrern bei der Diagnose: Was ist den meisten klar (Schüler reagieren ohne Zögern), was noch unklar (Schüler reagieren zögerlich) und welche Meinungen gibt es?

Der geschützte Raum („Die anderen sehen mich nicht“) verbunden mit dem Entscheidungszwang macht den Schülern selber Unsicherheiten oder Fragestellungen bewusst. Die auditiven, intrapersonellen Lernerpersönlichkeiten kommen zum Zuge. Innerhalb der Rhythmisierung einer Unterrichtsstunde kann diese stille, konzentrierte Phase einen passenden Ruhepunkt liefern.

7.2 Imagepflegetipps

Die folgenden Tipps sollen dabei helfen, Schüler nicht bloßzustellen, die Schwierigkeiten mit dem Stoff oder mit der gruppendynamischen Situation in der Klasse haben. Sie können in verschiedenen Zusammenhängen eingesetzt werden. Außerdem entspannen sie die Atmosphäre in der Klasse.

Abgucken:
In der Klasse hängt irgendwo ein Lösungsblatt. Wenn jemand eine Aufgabe nicht verstanden hat oder nicht weiterweiß, bekommt er die Erlaubnis, sich die richtige Lösung anzusehen, zu merken und wieder an den Platz zu gehen. Das Lösungsblatt darf nicht mitgenommen werden! Zwar sehen die anderen in der Klasse, wenn jemand diese Hilfe in Anspruch nimmt, aber „Abgucken" gilt eher als Kavaliersdelikt und nicht als Gesichtsverlust. Visuelle Lernerpersönlichkeiten und Beispieltäter (denen Erklärungen nichts nutzen, wohl aber Beispiele) fühlen sich hier oft angesprochen. „Nullbockler" haben nicht mehr die Ausrede, dass ihnen alles zu schwierig ist.

Umdrehen:
Auf dem Arbeitsblatt steht auf der einen Seite eine anspruchsvollere Aufgabe, auf der anderen Seite gibt es eine leichtere Aufgabe mit mehr Hilfen. Bei Bedarf kann der Schüler unauffällig das Blatt umdrehen.

Nachfragen statt verbessern:
Es ist peinlich und entmutigend, vor allen Mitschülern wegen eines Dialektes, eines Akzentes, einer schlechten Aussprache oder der falschen Grammatik verbessert zu werden, wenn es sich um inhaltliche Beiträge handelt. Wenn ein Redebeitrag entsprechend ausfällt, sollten Sie statt zu verbessern einfach nachfragen: Also du meinst, dass ... Anders ist es, wenn es um die sprachliche Richtigkeit geht.

Helden statt Versager:
Signalisieren Sie, dass Fehler kein Drama sind und man daraus lernen kann. Wer einen Fehler öffentlich zugibt, ist mutig und hat Respekt verdient. So wird hoffentlich der Grundstein für eine Fehlerkultur gelegt, die auch in der Gruppenarbeit selbstverständlich werden sollte.

Sie fordern einige Schüler auf, eine Antwort vorzulesen, von der sie glauben, dass sie wahrscheinlich richtig ist. Alle hören zu und verbessern, falls notwendig.

Wer möchte eine Antwort vorlesen, von der er glaubt, dass sie wahrscheinlich falsch ist?

Sie bedanken sich bei dem Mutigen und fragen, ob es ihm recht ist, wenn sich alle nun über diese Antwort gemeinsam hermachen?

Empfehlung statt Verfehlung:
Achten Sie in der Bewertung zunächst auf das, was der Schüler kann bzw. gut gemacht hat.

Insbesondere gilt das für jede Art von Präsentation, auch wenn es sich nur um einen Zweiminutenvortrag handelt. Betonen Sie zunächst etwas Positives, bevor Sie zwei bis drei Empfehlungen zur Verbesserung abgeben.

Verkuppeln statt Partnerwahl:
Die Angst, bei der Wahl zur Partnerarbeit ausgegrenzt zu werden und „übrig zu bleiben", wie in der Tanzstunde oder beim Wählen für die Völkerballmannschaft, sitzt bei vielen Schülern tief. Nutzen Sie darum andere Möglichkeiten der Partnerzuordnung wie feste Reihenfolgen oder nach dem Zufallsprinzip. Alles, was von Ihnen in dieser Weise verordnet wird, entlastet die ängstlichen Schüler.

Dass kränkende Ausrufe wie „Ihh, mit der nicht!" vollkommen unakzeptabel sind, sollte selbstverständlich sein.

Hilfreiche Bemerkungen:
Für alle Klassen und alle Fälle sind diese bestärkenden Lehreraussagen sinnvoll. Erinnern Sie sich möglichst oft an sie und wenden Sie sie an.

- Guter Versuch!
- Vielen Dank für diesen Fehler!
- Das war ein ganz intelligenter Fehler und die meisten hier hätten ihn gemacht.
- Ich liebe Fehler!
- Sucht euch Hilfe! An den Wänden, im Buch, bei anderen Schülern! Abgucken ist hier erlaubt und intelligent!

Und das hilft nirgendwo und zu keiner Zeit:

- Also, da muss man mal ein bisschen gründlicher rangehen, aber das kannst du ja nicht.
- Mach mal die Augen zu! Was siehst du? Nichts? Genau, das ist deine Kenntnis in Geschichte.
- Von dir/euch habe ich sowieso nichts anderes erwartet.
- Du magst wohl Schokolade? (zu einem nicht dünnen Schüler)
- Und jetzt Helge. Wir lauschen mit Spannung! (weil wir schon wissen, dass Helge vermutlich keine Ahnung hat)

8. Lernerlebnisse ... sind Anker

Wenn ich an meine zweite Staatsprüfung denke, die wahrlich lange her ist, fällt mir ein, dass in der einen Stunde die Sonne hereinschien, dass Reinhard in der ersten Reihe mich hilflos anstarrte und dass mein Fachseminarleiter versuchte, den Schulleiter durch kleine Schwätzchen abzulenken. Ich erinnere mich an Temperatur, Licht und Geruch, das gesamte Setting ist für mich nach 30 Jahren abrufbar – an das Stundenthema erinnere ich mich nicht. Gelernt – eindrücklich – habe ich, dass überforderte Schüler wie hypnotisierte Kaninchen aussehen und dass dieser Effekt zu vermeiden ist.

Norbert Neuß hat mit Lehramtskandidaten eine Studie über ihre wichtigsten Lernerfahrungen in ihrer Schulzeit gemacht und stellt fest:

„In der Erinnerung an die Schule tritt die Bedeutung des Sach- und Fachinteresses (7,5 %) oder aber das Lernen von bestimmten Methoden (7 %) deutlich hinter die situativen Interaktionen im Unterricht und den sich dadurch verfestigten Erinnerungsbildern zurück." (Norbert Neuß, „Die Lehrerin hat mich sehr beeindruckt", in: Schüler-Jahresheft 2006, Friedrich Verlag, S. 81).

Diese Aussage trifft sich mit meinen Erfahrungen, obwohl der Begriff der Methoden etwas irreführend ist und sicher Strategien meint. Es geht meiner Ansicht gerade darum, Verfahren einzusetzen, die eben genau diese situativen Interaktionen methodisch herstellen und den Lerngegenstand in ein Geflecht aus Emotionen, Erlebnissen, Überraschungen und Interaktionen einbetten, eben wie im richtigen Leben. Perfekt ist es, wenn die Emotionen positiv sind und so den eigentlichen Lern- und Unterrichtsgegenstand nicht abdrängen, sondern verknüpfen.

Dass Hannibal die Alpen mit den Elefanten überqueren wollte, ist für mich in meinem episodischen Gedächtnis verankert: Unser sonst staubtrockener Lateinlehrer – sollte er dies lesen und noch leben, möge er mir mein Kichern verzeihen und stolz darauf sein, dass er mir etwas fürs Leben mitgegeben hat – versuchte die Unmöglichkeit dieses Unternehmens zu demonstrieren, indem er wieder und wieder mit seinem massigen Körper versuchte, ein Stück die Klassenwand hinaufzulaufen, was bewirkte, dass seine Hornbrille verrutschte und wir nach Feuerzangenbowlenmanier kreischten – entzückt über so viel pädagogischen Einfallsreichtum. Als das fehlschlug, wir aber schon völlig im Bann des

Geschehens waren, mussten zwei Mitschülerinnen mit schweren Aktentaschen über drei Stühle klettern und er baute immer noch weitere vor ihnen auf, um das Scheitern der schweren Tiere zu veranschaulichen. War das lebenswirklich? Nein. Machte uns der Krieg betroffen? Nein. Hätten wir uns das Thema aufgrund von intrinsischer Motivation selber ausgesucht? Bestimmt nicht. Der Mann hatte unser Staunen geweckt, er hatte sich selber im positiven Sinn dargestellt – für uns!

Das war in den Sechzigerjahren. Nicht nur, dass die Schüler heute bezüglich des Unterhaltungsfaktors anspruchsvoller sind – man hat als Lehrkraft weder die Energie noch die Fantasie noch die Möglichkeit, alle Lerngegenstände slapstickähnlich vorzutragen – zumindest nicht oft und es steht auch in einem gewissen Kontrast zu dem Ziel des eigentätigen selbstständigen Lernens.

Da wir nicht jedes Mal einen Erlebnispädagogen engagieren können, müssen wir mit Bordmitteln arbeiten, und was wäre da besser geeignet als eine Gruppe von Menschen im interessanten Alter und mit einem Höchstmaß an emotionalen Facetten? Ergo: die Lerngruppe!

Es bieten sich Situationen an, die durch neue Konstellationen Abwechslung schaffen und Neugier wecken. Später erinnern wir uns: Das war doch, als wir/ als ich …

„Props“ (Realgegenstände – siehe Fliegenklatschen, Perücken, Masken, Augenbinden, Musik-CDs, Unterhosen), dramatische Einlagen, Spiele, Wettkämpfe, veränderte Lernorte (Flur, draußen) bieten ideale Ankerplätze für Assoziationen.

Wie die Beispiele zeigen werden, sind es oft nur ganz kleine und wenige Dinge, die hier hervorragende Dienste leisten und immer wieder einsetzbar sind. „Schwere Jungs“ mit Lederjacken haben einmal fasziniert verfolgt, wie ich ihnen (Thema Antarktis) mithilfe zweier Kuscheltiere und einem gebrochenen Papierherzen dargestellt habe, dass sich Eisbären und Pinguine außer im Zoo nicht treffen können.

Insbesondere sind es die positiven Emotionen wie Freude, Spaß am Gewinnen, Spannung, die das Lernerlebnis fördern.

Ich bin meinen Referendaren dankbar,

- die die Kinderzimmer ihrer kleinen Geschwister plünderten und mit Barbiepuppen, Stofftieren, Faschingsmasken und Wahrsagerkugeln unvergessliches Lernen ermöglichten,
- die „Romeo-und-Julia-Diktate“ inszenierten, indem sie die halbe Lerngruppe auf den Hof schickten, die ihren Partnern an den Fenstern ihre Liebesschwüre zuriefen,
- die die Sehenswürdigkeiten von London demonstrierten, indem einige Schüler in Busformation in der Mitte der Klasse saßen und Big Ben und Westminster Abbey um sie herumzogen,

- die Kindern ermutigten, sich die Augen verbinden und sich mit englischen Wegbeschreibungen durch ein Labyrinth von Stühlen dirigieren zu lassen,
- die in Gruppen Valentinskarten an Lehrer schrieben und für Personenbeschreibungen eine Polizeiakademie simulierten.

Vielleicht machen Ihnen diese Ideen auch Lust auf mehr. (In diesem Fall sollten Sie unter dem Stichwort „globale Simulation“ in der didaktischen Literatur suchen.) Ein Lernerlebnis muss nicht aufwändig sein und man braucht auch keine Theaterausbildung. Nutzen Sie einfach die Gruppe und versuchen Sie diese Methoden:

- „Pick me up“
- „Fliegenklatschen“
- „Hysterisches Lesen“
- „Warenhaus“
- „Unterhosen“

8.1 „Pick me up!“

Kompetenzen:	Meinungen austauschen, Vermutungen anstellen, verifizieren durch nachfolgende Textarbeit, Informationen aus einem Text entnehmen
Anwendungsbereich:	Textarbeit, Einführen und Wiederholen von Texten, Diskussionen vorbereiten
Klasse:	ab Klasse 7, je nach Schwierigkeit des Textes
Dauer:	20 Minuten für die Phase A, insgesamt ca. zwei Unterrichtsstunden
Vorbereitung:	Karten und Arbeitsblätter erstellen, eventuell Tafelanschrieb
Material:	CD-Player, Karten, Arbeitsblätter
Sitzordnung:	Alle bewegen sich in einem freien Raum, z. B. in der Mitte zwischen den Tischen oder in einem Teil eines größeren Raumes, jeder arbeitet mit jedem
Risiko:	für Lehrer mittel, für Schüler gering

„Pick me up“ ist vom Charakter her eine typische „mingling activity“ (Musik spielt, alle laufen herum, die Musik hält an, man spricht mit dem Mitschüler, der am nächsten steht, die Musik geht weiter, man läuft wieder herum usw.). Sie wird inhaltlich mit einer Hypothesenbildung verknüpft, die sich auf einen Text bezieht.

Ich habe im Folgenden einen Wikipedia-Text über Rilke als Beispiel für einen besonders trockenen Text gewählt, den man nicht gerade mit „Lernerlebnis“ assoziiert. Vielleicht können Sie das Beispiel benutzen, um die Wirkung auf Ihre Klasse zu beobachten, bevor Sie sich dann Ihr eigenes Material zu Ihren Texten erstellen.

„Pick me up“ ist der Beginn einer vierteiligen Sequenz, die bisher genannte Methoden wie Partnerkooperation und „Gleitender Übergang“ (S. 52) beinhaltet. Die Sequenz besteht aus:

- Phase A: Musik, Karten, Dialoge mit wechselnden Partnern (das eigentliche „Pick me up“)
- Phase B: Partnerarbeit
- Phase C: Festigung durch „Fliegenklatsche“ (siehe genaue Beschreibung auf S. 148 ff.)
- Phase D: Vortrag

Verlauf

Phase A:

Ein Schüler (oder Sie) bedient den CD-Player und lässt Musik laufen. Im Raum verteilt liegen auf dem Fußboden Karten mit Fragen über Rainer Maria Rilke, mit dem Text nach unten. Auf den Karten stehen z. B. Fragen wie:

- In welcher Stadt wurde Rilke geboren? In München, in Graz oder in Prag?
- Was geschah mit Rilkes Schwester? Sie starb früh, sie brannte durch oder sie heiratete einen Minister?

Wenn die Musik stoppt, sucht sich jeder einen Partner (jedes Mal einen anderen). Die Partner begrüßen sich freundlich, heben eine beliebige Karte auf und besprechen gemeinsam, welche Antwort wohl zutreffend ist. Wenn die Musik wieder erklingt, legen sie die Karte umgedreht zurück auf den Boden, verabschieden sich nett voneinander und laufen wieder im Raum umher. Der Dialog könnte so aussehen:

Musik hält an.

A: Hallo Aydac.

B: Tag, Paul. Wie geht's?

A: Gut, und dir?

B: Danke, gut.

A: Also, lass uns mal gucken. *Hebt Karte auf.*

B: In welcher Stadt wurde Rilke geboren. München oder Graz oder Prag? Was meinst du?

A: Also, ich glaube, in Prag.

B: Ich weiß es nicht. Ich sage mal: München. Er war doch Deutscher, oder?

A: Ich bin nicht sicher, aber Graz ist es bestimmt nicht.

Musik geht weiter. Karte wird umgedreht und wieder hingelegt.

B: Tschüs, Paul, war nett mit dir.

A: Bis dann!

Beide Partner gehen weiter.

Phase B:

Alle Schüler bekommen das Arbeitsblatt mit den Fragen zu Rilke und setzen sich zu zweit an einen Tisch. Sie einigen sich mit ihren Partnern auf eine Lösung und notieren sie auf dem Blatt. Wenn alle Fragen beantwortet sind, holen sie sich das Textblatt zu Rilke und vergleichen ihre Antworten mit den Informationen des Textes. Nach einer bestimmten Zeit stoppen Sie diese Arbeitsphase.

Phase C:

Festigung mit der Methode „Fliegenklatsche“, siehe S. 148 ff.

Phase D:
Zum Schluss kann sich ein kleiner Vortrag über Rilke anschließen. Die Schüler sollen zehn interessante Informationen über Rilke stichpunktartig notieren. Damit formulieren sie einen kurzen Text, den sie entweder allein vortragen oder abwechselnd zu zweit, dritt oder viert sprechen. Der Vortrag kann auch in Frage-und-Antwort-Form wie ein Experteninterview über Rilke stattfinden. Schwächere Lerner könnten die Fragen vorformuliert erhalten.

Kommentar und Differenzierungspotential
Diese Aktivität verankert sich hervorragend im episodischen Gedächtnis. Sie wurde von Schülerinnen und Schülern bei Evaluationen noch Wochen später als eindrücklich geschildert. Sie bedient zudem die mehr kinästhetischen Lernerpersönlichkeiten und die „Freunde“, die ihren Lernprozess gerne sozial und interaktiv gestalten.

Durch Hypothesenbildung wird ein Spannungsbogen gebildet, eine Vorerwartung bezüglich eines Themas oder eines Textes nimmt Gestalt an. Mit anderen Lernen zusammen werden Vermutungen angestellt, Vorwissen wird eingebracht. Bewegte und stille Phasen wechseln im Sinne der Rhythmisierung ab.

Das Arbeitsblatt für die Partnerarbeit enthält alle Fragen, die auch auf der Erde lagen. Einige Lerner finden es unbefriedigend, wenn sie in der Musikphase nicht alle Fragen gesehen haben (siehe „Professoren“). Daher gibt es jetzt noch einmal die Gelegenheit, in Ruhe mit einem festen Partner alle Fragen durchzuarbeiten. Das erhöht auch die Motivation, den Text wirklich lesen zu wollen – denn alle Lerner wollen gerne Recht haben.

Die Festigungsphase (siehe „Fliegenklatsche“, S. 148 ff.) und der Vortrag schließen sich für alle logisch und transparent an. So entsteht eine methodisch-didaktische Sequenz von Vorwissen, Vermutungen, rezeptivem Aufnehmen von Informationen zu einer reproduktiven und eventuell produktiven Gestaltung. Das Ergebnis erzeugt Befriedigung: „Erst hatte ich nur ein paar Vermutungen und rudimentäres Wissen über den Dichter, jetzt kann ich zumindest zehn richtige Aussagen zu Rilke machen.“

Der freundliche Umgang miteinander (Begrüßen, Verabschieden) ist zwar etwas gekünstelt, bewirkt aber in der Tat eine bessere Arbeitsatmosphäre.

Risiko
Das Risiko für die einzelnen Lerner ist durchgehend gering. Selbst wenn man in der ersten Phase zu keiner Frage etwas zu sagen hat, fällt das nicht weiter auf. Man hat dafür aber Gelegenheit, von den anderen etwas zu lernen, sodass man in der Partnerarbeitsphase mit dem Arbeitsblatt nicht allzu dumm dasteht.

Das Risiko für den Unterrichtenden ist einigermaßen hoch. Daher einige Tipps zur Risikominimierung, die sich vor allem auf das *Classroom Management* beziehen:

- Wählen Sie relativ flotte Musik aus – Boogie oder Rock 'n' Roll eignen sich gut.
- Am besten übernimmt ein Schüler die Rolle des DJ. So brauchen Sie nur ab und zu ein Zeichen zu geben.
- Alle Karten müssen gut im Raum verteilt und umgedreht auf dem Boden liegen.
- Sie können die Aufgaben stichwortartig an die Tafel schreiben, damit die Schüler jederzeit nachschauen können.
- Die Anzahl der Partner muss aufgehen, wenn nicht, machen Sie als Partner mit.
- Achten Sie darauf, dass in Phase A immer ein neuer Partner gefunden wird.
- Achten Sie auch darauf, dass die Partner sich freundlich begrüßen und verabschieden.
- Wenn die Musik zum letzten Mal stoppt, erläutern Sie den Ablauf von Phase B.

Ist der erste Teil erledigt, hat man während der restlichen Sequenz als Lehrerin Ruhe, um sich mit Beobachtungen des Lernprozesses oder mit einzelnen Schülern zu beschäftigen.

Arbeitsblatt „Pick me up“

Fach: Deutsch
Thema: Rainer Maria Rilke – Text

Rilke wurde als René Karl Wilhelm Johann Josef Maria Rilke in Prag am 4. Dezember 1875 geboren. Seine Kindheit und Jugend in Prag waren wenig glücklich. Der Vater, Josef Rilke (* 1838, † 1906), ein charakterschwacher und unzufriedener Mensch, war nach misslungener militärischer Karriere Bahnbeamter. Seine Mutter, Sophie („Phia“) Entz (* 1851, † 1931), eine herrschsüchtige Frau, entstammte einer wohlhabenden Prager Fabrikantenfamilie. Ihre Träume von einem vornehmen Leben fand sie in ihrer Ehe nicht erfüllt. 1884 brach die Ehe der Eltern auseinander.

Auch das Verhältnis zwischen der Mutter und dem einzigen Sohn war belastet, weil sie den frühen Tod der älteren Tochter nicht verkraftete. Aus emotionaler Hilflosigkeit heraus band sie René – französisch für „der Wiedergeborene“ – an sich und drängte ihn in die Rolle seiner verstorbenen Schwester. Bis zu seinem sechsten Lebensjahr fand sich Rilke so als Mädchen erzogen, frühe Fotografien zeigen ihn mit langem Haar, im Kleidchen.

Auf Druck der Eltern besuchte der dichterisch und zeichnerisch begabte Junge ab 1885 eine Militärrealschule, zur Vorbereitung einer Offizierslaufbahn. Die Zumutungen militärischen Drills und die Erfahrungen einer reinen Männergesellschaft traumatisierten den zarten Knaben nachhaltig. 1891 brach er wegen Krankheit seine militärische Ausbildung ab. Er konnte sich von 1892 bis 1895 in privatem Unterricht auf das Abitur vorbereiten, das er 1895 bestand. 1895/96 studierte er Literatur, Kunstgeschichte, Philosophie in Prag und München.

Nach seinem Weggang aus Prag änderte Rilke 1896 seinen Vornamen von „René“ in „Rainer“ und dokumentierte damit nach außen die Bemühung, die unglückliche Bindung an die Herkunftsfamilie zu verarbeiten.

1902–1910: Die erste Schaffensperiode

Die erste Pariser Zeit war für Rilke schwierig, da die fremde Großstadt viele Schrecken barg. Diese Erfahrungen hat Rilke später im ersten Teil seines einzigen Romans „Die Aufzeichnungen des Malte Laurids Brigge“ gestaltet. Zugleich aber brachte die Begegnung mit der Moderne zahlreiche Anregungen: Rilke setzte sich intensiv zunächst mit den Plastiken Auguste Rodins, dann mit dem Werk des Malers Paul Cézanne (1839–1906) auseinander. Mehr und mehr wurde in diesen Jahren Paris zum Hauptwohnsitz des Dichters. Von 1905 bis 1906 wird Rilke als Sekretär bei Auguste Rodin angestellt, der ihm gleichzeitig eine idealisierte Vaterfigur ist. Das Dienstverhältnis beendete Rodin im Mai 1906 abrupt, kurz nachdem Rilkes leiblicher Vater gestorben war.

(Textauszüge aus dem Eintrag von www.wikipedia.org zum Stichwort „Rilke“)

Arbeitsblatt „Pick me up“

Fach: Deutsch
Thema: Rainer Maria Rilke – Fragen (für die Bodenkarten und die Partnerarbeit)

Rilke hatte außer Rainer und Maria noch andere Vornamen. Welche sind richtig?
Josef – Wilhelm – Karl – Johann – Friedrich

In welcher Stadt wurde Rilke geboren?
In München – In Graz – In Prag

Welchen Beruf hatte Rilkes Vater?
Soldat – Stadtschreiber – Bahnbeamter

Was geschah mit Rilkes Schwester?
Sie starb früh.
Sie brannte durch.
Sie heiratete einen Minister.

Bevor sich Rilke selber umbenannte, hieß er „René“ statt „Rainer“. Was bedeutet „René“?

Wie sah Rilke in seinen ersten Lebensjahren aus? Was für Haare hatte er und welche Kleider trug er?

Was sollte er nach dem Willen seiner Eltern werden?

Warum brach Rilke seine militärische Ausbildung ab?

Welche drei Fächer studierte Rilke?
Kunstgeschichte – Philosophie – Medizin – Literatur – Theologie

Mit welchem Maler setzte sich Rilke in Paris besonders auseinander?
Cézanne – Monet – Manet

Für welchen berühmten Künstler arbeitete Rilke als Sekretär in Paris?

In welchen Städten studierte Rilke?
Prag – München – Paris – Mailand – Wien

Wie viele Romane hat Rilke geschrieben?

8.2 „Fliegenklatsche“[5]

Kompetenz:	Fragen schriftliche Antworten zuordnen, schnelles Orientieren
Anwendungsbereich:	Wiederholung
Klasse:	ab Klasse 3, je nach Text
Dauer:	10 Minuten
Vorbereitung:	Fragen und Antworten zum Thema auf eine Karteikarte schreiben, Tafelanschrieb, Stühle rücken
Material:	Karteikarte für den Quizmaster, zwei verschiedenfarbige Fliegenklatschen, Farben
Sitzordnung:	zwei Reihen vor der Tafel (jeweils gleiche Anzahl)
Risiko:	für Lehrer hoch, für Schüler mittel

„Fliegenklatsche“ ist ein echtes Lernerlebnis. Es verbindet den sportlichen Wettkampfgedanken mit Erinnerungsleistungen, Konzentration auf verbale Äußerungen mit Bewegung. Auf eine Frage hin rennen jeweils zwei Kontrahenten für ihr Team nach vorne und klatschen die richtige Antwort mit einer Fliegenklatsche an der Tafel ab.

Verlauf

Ich beschreibe die Methode anhand der Inhalte aus der Methode „Pick me up“ zu Rainer Maria Rilke. Schreiben Sie vor der Stunde kreuz und quer folgende Begriffe an die Tafel:

> Prag – Beamter – Lehrer – Offizier – 1925 – Rainer – Wien – Charlotte – Sophie – 1875 – 1850 – Sekretär – Wiedergeborener – Rodin – Manet – Berlin – Bildhauer – Koch – 20 – Cézanne – 18

Die Lerner sitzen in zwei gleich langen Stuhlreihen hintereinander. In der Mitte bleibt ein Gang frei. Am besten räumen Sie die Tische etwas beiseite. Die Schüler jeder Reihe werden von vorn nach hinten durchnummeriert. Wir haben also zwei Schüler mit der Nummer 1, zwei mit Nummer 2 usw. (siehe Skizze). Auf einem Tisch vor der Tafel liegen zwei verschiedenfarbige Fliegenklatschen.

5 Diese Idee verdanke ich meinen Deutsch-Kolleginnen in Neuseeland.

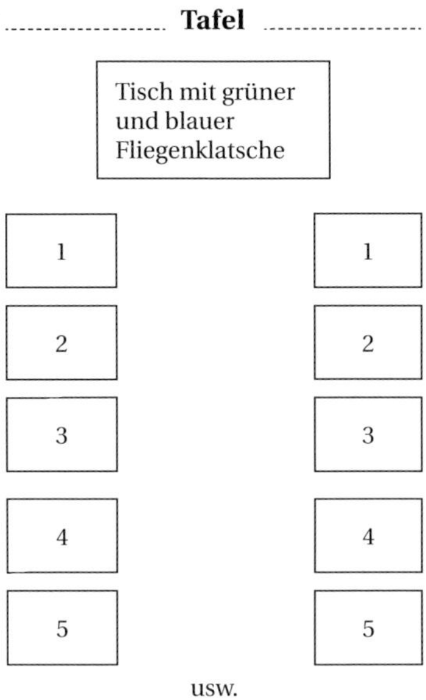

Der Quizmaster (Sie oder ein Schüler) bekommt ein Blatt mit Fragen und Antworten zum Thema (siehe Kopiervorlage S. 151) und einen Stift. Er liest eine Frage vor und ruft nach einer kleinen Bedenkpause eine Zahl auf. Nur die beiden Spieler mit dieser Zahl rennen nach vorne und klatschen mit ihren Fliegenklatschen die Antwort ab, d. h., sie klatschen auf die Stelle der Tafel, wo die richtige Antwort steht. Der Quizmaster passt genau auf; im Zweifel kann er sich daran orientieren, welche Klatsche zuerst wieder unten ist, also eher am Wort war. Entsprechend bekommt das Team einen Punkt (Strich an der Tafel).

Der Quizmaster streicht die Frage durch und notiert die Zahl, die er aufgerufen hat, damit er einen Überblick behält, wen er schon aufgerufen hat. Wenn Sie selbst die Fragen stellen, haben Sie hier die Möglichkeit zur Differenzierung, weil Sie bei leichten Fragen schwachen Schülern eine Chance geben können.

Variationen

Die Teilnehmer markieren vor dem Wettspiel in ihrem Text die Wörter von der Tafel und lesen sich die betreffenden Textstellen noch mal durch. Dann legen sie den Text beiseite. Dies empfiehlt sich vor allem bei komplexen Inhalten. Oder lassen Sie die Schüler zur besseren Kontextualisierung selber wichtige und neue Wörter nennen.

Variationen im Schwierigkeitsgrad: Formulieren Sie die Fragen entsprechend einfach oder schwierig.

Kommentar und Differenzierungspotential

Alle fokussieren sich auf die Wörter an der Tafel, die sie innerlich wieder mit dem Text in Beziehung setzen (innerer Dialog: Was war denn noch mal mit Rodin? Ach ja, da war Rilke doch Sekretär, oder? Mal nachlesen!).

Alle hören äußerst gespannt auf die Frage, denn jeder könnte drankommen. Sehr wichtig für den Lernprozess ist die Pause, bevor der Quizmaster die Zahl sagt. Dann arbeitet das Gehirn auf Hochtouren.

Besonders die Wettkämpfer, die Sportler, die Ehrgeizigen und die Kinästheten mit räumlicher Intelligenz werden hier angesprochen.

Risiko

Diese Aktivität kann zu lautstarken, rechthaberischen Kämpfen ausarten. Daher sollte man folgende Regeln festlegen:

1. Jede Frage wird nur einmal laut und deutlich vorgelesen.
2. Wenn eine Antwort abgeklatscht und der Punkt vergeben worden ist, sollte die nächste Frage gleich vorgelesen werden, damit es nicht zu ausgedehnten Triumphäußerungen und Schuldzuweisungen kommt.
3. Es spricht nur der Quizmaster. Wenn ein Team trotzdem redet, wird ein Punkt abgezogen.

Weiterführende Aktivität

Die meisten Schüler können jetzt alleine oder mit Partner einen Zweiminutenvortrag mit den Stichwörtern der Tafel halten.

Arbeitsblatt „Fliegenklatsche“

Fach: Deutsch
Thema: Rainer Maria Rilke – Quiz

Wo wurde Rilke geboren?	In Prag
Wann wurde er geboren?	1875
Was war sein Vater von Beruf?	Beamter
Was heißt René auf französisch?	Der Wiedergeborene (Rainer)
Wie hieß seine Mutter mit Vornamen?	Sophie
Was sollte Rilke werden?	Offizier
Was für einen Beruf übte er bei Rodin aus?	Sekretär
In welcher Stadt schrieb Rilke seinen einzigen Roman?	Paris
Mit welchem Maler setzte er sich auseinander?	Cézanne
Wie alt war er, als er sein Abitur machte?	20

8.3 „Warenhaus“

Kompetenz:	schnelles Handeln und Orientieren, Teamarbeit
Anwendungsbereich:	gezieltes Hörverstehen (Detail), Wiederholung, Übung
Klasse:	ab Klasse 5
Dauer:	10 Minuten
Vorbereitung:	Sitzordnung herstellen
Material:	Tafel oder Flipchart, um den Spielstand zu vermerken
Sitzordnung:	zwei Reihen vor der Tafel (jeweils gleiche Anzahl) wie bei der Methode „Fliegenklatsche“ (siehe S. 148 ff.)
Risiko:	für Lehrer hoch, für Schüler gering bis mittel

„Warenhaus“ ist eine Variante von „Fliegenklatsche“ und sehr geeignet, um ein Thema abzuschließen oder eine Vertretungsstunde lebendig zu gestalten. Es lohnt sich zu thematisieren, dass es hier um die perfekte Zusammenarbeit eines Teams geht. Im Unterschied zur „Fliegenklatsche“ können alle Teammitglieder (stumm!) dem Aufgerufenen mithelfen. Vor allem im Fremdsprachenunterricht hat sich diese Methode bestens bewährt.

Verlauf

Teilen Sie die Klasse in zwei Teams ein: Eins ist z. B. die Belegschaft des Warenhauses „Kaufglück“, das andere die des Warenhauses „Glitzerblink“. Es geht darum, dem anspruchsvollen Käufer (Lehrerin oder Schülerin) zu zeigen, welches Kaufhaus das bessere ist, d. h., welches am schnellsten die genannten Wünsche erfüllen kann.

Der Käufer sitzt hinter einem Tisch vor der Tafel, die Schüler in zwei Reihen hintereinander vor ihm. Das Team, das den gewünschten Gegenstand am schnellsten auf diesen Tisch legen kann, erhält einen Punkt (wird an der Tafel notiert).

Der Käufer nennt einen Wunsch, z. B. „Ich hätte gerne einen Bleistift!“, wartet einen Moment und nennt dann eine Zahl, z. B. „Zwei“. Die Schüler mit der Nummer zwei können den Gegenstand selber haben oder ihn von den Teamkollegen entgegennehmen. Sie beeilen sich, den Gegenstand zuerst zum Tisch zu bringen.

Risiko

Ähnlich wie bei „Fliegenklatsche“ kann es laut und unruhig werden. Als Lehrerin muss man die Sache relativ stringent durchziehen, sich vor allem nicht auf lange Diskussionen einlassen.

Die einzelnen Schüler tragen weit weniger Risiko, weil es ja nicht „ihre Schuld“ ist, wenn sie keinen Radiergummi etc. beibringen können. Außerdem helfen die anderen. Folgende Regeln gelten: Jeder Wunsch wird nur einmal genannt. Wenn ein Gegenstand gebracht und der Punkt vergeben wurde, sollte der nächste Wunsch umgehend geäußert werden, damit es zügig weitergeht. Die Schüler dürfen nur flüstern, wenn sie gemeinsam überlegen, woher sie den Gegenstand bekommen können.

Varianten

Im Sprachunterricht redet der Käufer z. B. nur englisch:

- Let's find out the department store that provides the best service.
- My name is Ulrike Handke and I am a department store critic.
- I will play the role of the demanding customer.

In anderen Fächern werden Gegenstände, die behandelt wurden (Pflanzen, Fotos, Anschauungsmaterial), herbeigeschafft.

Oder: Alle Gegenstände werden so schnell wie möglich aufgemalt und das Bild wird überbracht.

Kommentar und Differenzierungspotential

Die Übung fördert die Kooperationsfähigkeit, den Teamgeist und das Hörverstehen in einem Wettkampf, den man eben nicht alleine antritt. Die „Freunde“ mögen diese Aktivität, die nach Art und Grad von Hilfestellung differenziert.

Die Übung verbindet Sprachverstehen mit *Total Physical Response*. Sie verankert die gehörten Wörter im episodischen Gedächtnis („Glasses?“ Ach ja, das war doch, als wir Karl-Heinz die Brille von der Nase reißen wollten). Grammatisch werden rezeptiv Phrasen geübt wie: *Ich hätte gerne …* oder *I would like …*

8.4 „Hysterisches Lesen“

Kompetenz:	eine emotionale Stimmung laut lesend umsetzen, zuhören
Anwendungsbereich:	Textarbeit, Wortschatzarbeit, Wiederholung
Klasse:	ab Klasse 7
Dauer:	20 bis 30 Minuten
Vorbereitung:	Karten und Arbeitsblatt erstellen (kann man auch im Unterricht machen lassen, siehe Variation)
Material:	Texte (z. B. aus dem Lehrbuch), Arbeitsblatt, Karten mit „Emotionen“
Sitzordnung:	Sitzkreis, Hufeisen (man sollte sich gegenseitig sehen)
Risiko:	gering

Diese Methode nutzt den Verfremdungseffekt, der entsteht, wenn man Dinge mit verstellter Stimme vorliest. Je absurder die Stimmung sich zum Text verhält, desto besser wird der Text erinnert.

Verlauf

Jeder liest einen bekannten Text zuerst still. Dann wird der Text reihum laut vorgelesen. Der erste Schüler beginnt und liest zwei Sätze, dann machen die anderen mit den jeweils folgenden zwei Sätzen weiter. Jeder hat nun zwei Sätze, die ihm/ihr zugeteilt sind.

Die Schüler arbeiten paarweise weiter. Sie, die Lehrerin, haben vorher handschriftlich Adjektive auf einzelne Karten geschrieben und in ein Behältnis gelegt. Jedes Paar zieht daraus eine Karte mit einer Emotion.

lustig	stockend	eingebildet
romantisch	schnell	traurig
langweilig	laut	unsicher
albern	böse	leierig
aufgeregt	freundlich	stolz

Sie können auch folgende Anweisungen auf die Karten schreiben: Lies wie eine Katze, eine Hexe, ein Papagei, ein Roboter, eine Oma, ein Geist, ein Weihnachtsmann, wie die Schlange Kaa etc. (auf Englisch: Like a cat, a robot, a witch, a parrot, a grandmother, a ghost, Father X-mas, like the snake Kaa).

Jedes Paar übt gemeinsam und für sich, die Sätze in der angegebenen Stimmung zu lesen. Die Schüler korrigieren sich gegenseitig und geben Hinweise. Dann erhalten sie ein Arbeitsblatt. Dort sollen sie die Namen derjenigen, die gleich vorlesen werden, unter das passende Adjektiv eintragen.

Der erste Schüler liest z. B. mit schmachtender Stimme vor, dass es in Afrika mehrere Klimazonen gibt. Nach zwei Sätzen bedankt sich der Lehrer, nennt hier noch einmal den Namen (Danke, Christian) und alle schreiben wahrscheinlich „Christian“ unter das Wort „romantisch“. Je weiter der Text fortschreitet, desto öfter kann es zu Mehrfachnennungen auf dem Arbeitsblatt kommen. Nachdem alle ihre Textstellen gelesen haben, wird verglichen.

- Welchen Namen habt ihr bei „romantisch“?
- Christian.
- Christian, stimmt das? (Der Vorleser bestätigt oder korrigiert.)

Variation

Die Schüler bestimmen selbst, welche Adjektive oder Beschreibungen auf die Karten geschrieben werden, dann wird gezogen. Der Vorteil ist, dass sie sich schon an dieser Stelle mit der Abstufung der Emotionen auseinandersetzen. Wo z. B. ist der Unterschied zwischen aufgeregt und hysterisch? Was unterscheidet lustig von albern? Welche Beschreibungen eignen sich besonders gut? Danach erstellen alle das Arbeitsblatt selber.

Risiko

Die Methode kann ins Alberne abgleiten, daher ist wichtig, dass man als Lehrer sehr sachlich bleibt. Es ist unverzichtbar, dass während der Aktion nicht kommentiert und gefragt wird.

Kommentar und Differenzierungspotential

Schülern macht dieses Verfahren sehr viel Spaß. Es baut trotz der geforderten Übertreibungen Hemmungen ab, weil man ja mit verstellter Stimme liest. Schüler hören ihren Mitschülern gebannt zu und führen ihre Liste mit großer Genauigkeit. Vor allem die „Freunde“ fühlen sich angesprochen, aber auch die wissenschaftlichen Tüftler, die während des Vorganges ausrechnen, ob die Sache „aufgeht“. Für einige Schüler eröffnet dieses Verfahren zudem erstaunliche Möglichkeiten der Verankerung von Sachverhalten im Gedächtnis.

Es gibt Didaktiker, die dieses Verfahren als fragwürdig ansehen, weil es den Fokus vom Inhalt wegnimmt. Sie meinen, dass die kognitive Dissonanz schadet. Ich habe diese Erfahrung nicht gemacht. Vor allem in den Sprachen haben meine Schüler davon profitiert.

Arbeitsblatt „Hysterisches Lesen“

Fach: alle
Thema: beliebig

A. Lies deinen Satz in der Stimmung deiner Karte laut vor.
B. Welche Person liest wie? Schreibe den Namen der Person unter das passende Wort.

lustig	romantisch	langweilig	albern	aufgeregt	stockend
schnell	laut	böse	freundlich	eingebildet	traurig

Arbeitsblatt „Hysterisches Lesen"

Fach: Englisch
Thema: beliebig

A. Say your name! Read your sentence(s) in the way that is described on the card.
B. Identify the mood. Write the person's name in the right box.

funny	romantic	boring	silly	excited	quiet
fast	loud	angry	friendly	arrogant	sad

8.5 „Unterhosen“

Kompetenz:	Sprachbewusstsein trainieren, Entscheidungsfragen stellen, „gezieltes“ Sprechen
Anwendungsbereich:	aufwärmen, lockern
Klasse:	ab Klasse 9
Dauer:	5 bis 10 Minuten
Vorbereitung:	laminierte Karten mit „Unterhosen“ erstellen
Material:	laminierte Karten „Unterhosen“
Sitzordnung:	Klassenspaziergang
Sozialform:	jeder mit jedem
Risiko:	unterschiedlich

„Unterhosen“ ist ein klassisches „Warming-up“ in den Sprachfächern, das vor allem älteren Klassen viel Spaß macht. Es schult die verbale Geschicklichkeit und bringt alle miteinander in Kontakt.

Verlauf
Jeder Schüler bekommt vier laminierte Karten mit den Unterhosen. Er soll nun umhergehen und versuchen, in zehn Minuten so viele zusätzliche Unterhosen zu sammeln wie möglich.

Dazu stellt er seinen Mitschülern Fragen, die diese beantworten müssen, ohne die Wörter Ja oder Nein zu verwenden. Wer trotzdem mit Ja oder Nein antwortet, muss eine Unterhose abgeben. Nach zehn Minuten endet die Aktion und es wird der Unterhosenkönig/die Unterhosenkönigin ermittelt („Queen/King of Knickers“).

Variation
Man kann auch andere Wörter zum Tabu erklären, z. B. „und“, oder sprachliche Floskeln wie „ey“ oder „keine Ahnung“.

Risiko
Das Risiko dieser Aktivität ist sehr unterschiedlich. Bei pubertierenden Schülern kann sie schiefgehen. Bei älteren Lernern funktioniert sie außergewöhnlich gut und hat einen deutlichen, Gruppen bildenden Spaßfaktor.

Kommentar und Differenzierungspotential
Es geht hier um eine sehr intentionale Kommunikation. Die Differenzierung erfolgt nach verbaler Geschicklichkeit. Die interpersonalen Lernerpersönlich-

keiten, die „Freunde“ haben besonderen Spaß. Das Ziel ist klar: Man selber möchte dem anderem etwas „abluchsen“ und muss gleichzeitig Schaden vermeiden, also für Ja und Nein viele Umschreibungen verwenden: So kann man das sehen, das ist gut möglich, vielleicht, wahrscheinlich, das ist nicht meine Erfahrung usw.

Der eigentliche Fokus ist, ein Bewusstsein von Sprache zu schaffen. Ein Schüler meinte anschließend: „Da merkt man erst mal, was man alles so sagt!“

Der Materialaufwand lohnt nur, wenn die Unterhosen oft verwendet werden und sie im Team allen für viele Gelegenheiten zur Verfügung stehen.

Unterhosen sind vielleicht nicht immer das Richtige. Allerdings habe ich bisher keinen Ersatz gefunden. Blümchen hatten nicht denselben Effekt.

Arbeitsblatt „Unterhosen“

Kopieren Sie dieses Blatt mehrmals, schneiden Sie die Unterhosen aus und kleben Sie diese auf kleine Kärtchen, die Sie anschließend laminieren.

9. Eigenständigkeit ... braucht Transparenz und Rahmen

„... denn sie wissen, was sie tun!" So war es in den Siebzigern, es bezog sich jedoch meist auf die Lehrer, nicht auf die Schüler. Wenn wir damals als Referendare etwas lernten, dann war es die Formulierung von messbaren Lernzielen und die Zerlegung von Lernprozessen in kleinschrittige Häppchen. Die Schüler hatten daran wenig Anteil und blieben im Wesentlichen „black boxes".

In den Achtzigern weitete sich der Blick. Die Schüler wurden mehr als Menschen und Individuen wahrgenommen und es ging zunehmend darum, dass die Schüler mitentscheiden sollten, was und wie unterrichtet wird. Das funktionierte mal mehr und mal weniger, meist weniger.

Bei unseren Umsetzungsversuchen scheiterten wir, wenn wir die Schüler fragten, was sie wollten. Sie gaben bereitwillig Auskunft: Sie wollten früher gehen, Wochenendfahrten machen und Eis essen. Wenn wir dann sagten, dass sie etwas anderes wollen sollten, weil wir nicht wussten, wie wir ihre Wünsche mit unseren Feinlernzielen abstimmen sollten, wurden sie unwirsch. Also ließen wir das erst mal mit den Inhalten und verlegten uns auf die Lernwege – vor allem, weil die Diskussion um verschiedene Lerntypen und Strategien in vollem Gange war. Stellten wir unseren Schülern aber dann verschiedene Methoden vor und ließen sie aussuchen, was ihnen am besten gefiele, hätte man auch ein Lehrbuch von 1952 konsultieren können. Sie mochten abfragbaren Frontalunterricht, unterbrochen von witzigen Entertainereinlagen des Pädagogen, der solle den Stoff lebendig machen, damit sie ihn sich besser merken könnten. Außerdem soll er streng und gerecht sein usw. Sie kennen das.

Rückblickend wundert mich das nicht. Meine Schüler hatten eigentlich keine Ahnung, worüber sie entschieden. Kurz, sie waren uninformiert. „The big picture" und Transparenz waren damals kein Thema. Sogenannte Stoffpläne waren nichts für Schüler, sondern ausschließlich etwas für die Hand der Lehrer, der Schulleiter und der Seminarleiter.

Die Schüler hatten Angst vor Neuem und liebten das Vertraute. Sie waren im Wesentlichen an die entscheidungsfreie Osterhasenpädagogik gewöhnt (mit

Geschick werden didaktisch reduzierte Wissenshäppchen versteckt, die die Schüler nun im fragend entwickelnden Unterrichtsgespräch finden sollen, geleitet durch verbale und mimische Heiß- und Kaltansagen, deren Endphase sich durch ein gequältes „Jaaaaaa … nicht ganz … das ist nicht genau das, was ich meine. Wer hat noch eine Idee?" definiert.). Die Schüler hatten Angst, sich vor anderen lächerlich oder etwas falsch zu machen. Sie fühlten sich mit den Entscheidungen oft überfordert.

Nun ist das Ziel der modernen Pädagogik – wie in allen Rahmenplänen und Kompetenzbeschreibungen nachzulesen ist – zweifelsfrei der selbstständige, selbstbewusste und selbstwirksame Schüler, der sich zielgerichtet, informiert und handlungskompetent für seinen Weg entscheidet und die Verantwortung dafür zu tragen bereit ist.

Der Weg dahin bleibt anstrengend und wir Lehrer müssen vorausschauender arbeiten. Wir müssen langfristig planen und unsere Schüler, ggf. auch ihre Eltern, in unsere Curricula, Zensurengebung, in Arbeitstechniken und Methoden einweihen und Spielräume für Eigentätigkeit und Entscheidungen bereitstellen. Dadurch arbeiten wir nicht mehr, sondern nur früher, denn die Stoffverteilungspläne hätten wir sowieso für uns gemacht. Wir schonen unsere Nerven, weil wir nicht alles täglich rechtfertigen und begründen müssen, wir geben Spielraum, der Aggressionen auffängt und die Atmosphäre verbessert.

Eigenständigkeit kann für den Lerner in wörtlicher Rede heißen:

- Ich mache selber,
- ich treffe Entscheidungen,
- ich weiß, was ich tue, und kann das auch erkären (oder dokumentieren),
- ich kenne den größeren Zusammenhang und weiß, was das alles soll,
- ich kann mich einbringen und etwas für mich und für andere bewirken,
- ich weiß, dass Fehler dazugehören, nehme sie in Kauf. Ich weiß, wie ich sie beheben und aus ihnen lernen kann,
- ich weiß, was ich im Notfall (wenn ich nicht mehr weiterkomme) machen kann.

Damit dieses Umfeld gegeben ist, treffen wir Lehrer entsprechende Vorentscheidungen.

Sie finden in diesem Kapitel Beispiele für Schüler begleitende Hilfen zur Selbstorganisation. Es lohnt sich auch, in der Literatur über SOL (Selbst organisiertes Lernen) nachzulesen (z. B. empfiehlt sich hier die gleichnamige Broschüre vom Ministerium für Kultus, Jugend und Sport, Baden-Württemberg, 2004).

9.1 Hilfen für selbst organisiertes Lernen

- Mit den Schülern das Halbjahrescurriculum besprechen und es an jeden austeilen – eventuell die Unterschrift der Eltern dazu einfordern, damit alle wissen, wohin die Reise gehen soll.
- Allen Schülern Bewertungskriterien schriftlich an die Hand geben (z. B. wonach wird eine Präsentation beurteilt?). Es gibt inzwischen eine Fülle von Handreichungen für Lehrer, die Schüler erfahren die Kriterien oft erst im Nachhinein.
- Einen „Handapparat" an Übersichten im Klassenzimmer vorrätig haben: Einige Log-Sheets/Übersichten in einer Klarsichthülle im Raum aushängen. Leute, die ihre vergessen haben, können sich daraus bedienen.
- Bei Einzelarbeiten, die mit Lösungsblättern kontrolliert werden, allen Schülern erlauben, auch vor Beendung der Aufgaben zu dem Antwortblatt zu laufen (nicht mit an den Platz zu nehmen), um sich hier Hilfe zu holen, wenn es ohne nicht mehr weitergeht.
- Viele Aufgaben lassen sich in Partnerarbeit lösen. Auch wenn es um Einzelarbeit geht, kann man Trainer (bessere Schüler) zur Verfügung stellen. „Ihr beiden geht jetzt nach draußen auf den Flur. Ihr habt zehn Minuten Zeit. Wenn Markus dann zehn Sätze über sich auf Englisch sagen kann, bekommt er 14 Punkte und du als Trainer 19."
- Eröffnen Sie den Schülern Möglichkeiten und trainieren Sie entsprechende Verfahren, wie sie Lernprozesse selber dokumentieren und bewerten können. Hilfsmittel können hier sein: Log-Sheets für Stationenarbeit, Lerntagebücher, Lernhefte, Portfolio.

9.2 Log-Sheets

Wochenplanarbeit, Stationenarbeit, Lernbuffets und Lernzirkel ermöglichen unseren Schülern in einem klar gesteckten Rahmen unter Beibehaltung fester Rituale frei und selbstständig zu arbeiten. In der Literatur gibt es zahlreiche Anregungen für Wochenplanarbeit und Freiarbeit. In den Grundschulen werden diese Arbeitsformen oft angebahnt und trainiert, in den Oberschulen nehmen diese Formen leider im Durchschnitt ab, oft aus Furcht vor Chaos, oft, weil Lehrer meinen, dass Schüler den Freiraum ausnutzen, sich falsch entscheiden und nicht „richtig“ arbeiten.

Stationenarbeit mit Log-Sheets können hier helfen. Sie bieten Orientierung (Schutz vor dem Chaos), ermöglichen Schwerpunktsetzungen und Bewertung und bieten trotzdem Freiraum für Selbstständigkeit.

Auf der folgenden Seite finden Sie ein Beispiel aus dem Englischunterricht, das sich selbst erklärt, hervorragend funktioniert und auf jede Form der Stationenarbeit übertragbar ist. Wichtig sind Angaben

- zur Station und dem Inhalt,
- zum Zeitfaktor (Beobachtung des eigenen Lernprozesses),
- zur Wertigkeit der Aufgaben,
- eventuell zur subjektiven Einschätzung (oft findet man auf diesen Blättern auch noch eine Frage, wie die Aufgabe gefallen hat, dann gibt es eine Auswahl unter drei Smileys, oder wie der Schwierigkeitsgrad subjektiv eingeschätzt wurde).

Arbeitsblatt „Log-Sheet“ Robinson Crusoe

Find a partner. Most tasks are done in pairs. Try and do ***as many as possible. The order does not matter!***
Tick *off the tasks you have completed. Write down the* ***time*** *for each task. Get your teacher to* ***sign*** *your work for each task.*
When you see this symbol (!!!) it means that there is no free choice, you ***must*** *do it!*

Number of Station	Task	This took me/us ______ minutes (including check)	Date	Check done by	Points after check (signed by teacher, partner or myself)	Teacher's signature – random checks to be expected	Final points
1	Dictation easy			partner	/ 2		
1	Dictation not so easy			partner	/ 4		
2 !!!	Folding sheet, how to ask and answer			partner	/ 4		
3	Cut and match pictures and text			partner with textbook	/ 3		
4	Match questions and answers, then fold and write			checksheet myself			
5	*Island in the Sun* Listen and put into the right order			myself with textbook	/ 2		
6 !!!	Write a story by answering questions			teacher	/ 6		
7	Write a poem			teacher	/ 5		
RESULT:					Teacher's Signature		/ 26

9.3 Lerntagebücher

Die Lehrerin bespricht mit allen Schülern, unter welchen Voraussetzungen ein Lerntagebuch wichtig ist, welchen Zweck es erfüllt (Dokumentation ihres eigenen Lernprozesses), worauf zu achten ist. Sie bespricht, welche Form möglich ist, ob es hier Variationen gibt, ob es Korrekturen durch Lehrer oder Mitschüler geben soll und ob es in die mündliche Note einbezogen wird – wenn ja, in welchem Umfang.

Alle Schüler kaufen sich ein Heft, das sie selber gestalten. Es bietet sich das DIN-A5-Format mit festem Einband an. Der vordere Teil ist das Lerntagebuch, das möglichst fehlerfrei neue Informationen, Inhalte oder abgeschriebene Tafelbilder enthält. Wenn man das Tagebuch umdreht und von hinten beschreibt, kann man diesen Teil als Notizblock nutzen, für alles, was man zuerst „ins Unreine" schreiben oder notieren möchte.

Für uns Lehrer ist es wichtig, am Ende der Stunde Zeit für die Einträge einzuplanen. Jeder Tag bekommt mindestens eine Seite und enthält z. B. die folgenden Einträge. (Die Schüler bekommen nur inhaltlliche Vorschläge, sie entscheiden selber, was sie aufschreiben möchten – es kann auch je nach Stunde variieren.)

Datum:
Neue Informationen / neue Wörter
Tafelbild
Zusammenfassung: Heute haben wir … gelernt, erfahren, diskutiert etc.

Oder:

Datum:
Heute haben wir … (einen Text gelesen, eine Geschichte gehört, Präsentationen bewertet, eine Umfrage durchgeführt)
Ich habe folgende Begriffe gelernt:
Ich habe beigetragen:
Ich habe mich ungefähr … gemeldet.
Ich habe mit … zusammengearbeitet.
An der Tafel stand:
Ich habe in einem Test folgende Punktzahl erreicht:

Sinnvoll für Projektwochen sind Eintragungen, die auf das Thema bezogen sind.

Hier Ideen für die täglichen Eintragungen in ein Reisetagebuch (Englandreise):

> Learning Diary
>
> Today's words and phrases (10):
>
> Who said what today? (2)
>
> ________ said, " ____________________ "
>
> ________ said, " ____________________ "
>
> Today I found out that ____________________ (1 fact – different from Germany)
>
> Something I found, bought, collected: ____________________

9.4 Stundenprotokolle

Stundenprotokolle sind eine Vorstufe für Lerntagebücher. Sie können völlig frei gestaltet sein oder wie im folgenden Beispiel (siehe S. 170) einer vorgegebenen Form folgen. Der Vordruck wird kopiert, in jeder Stunde ausgefüllt und in einem Hefter gesammelt. Man kann diese Blätter für jede Unterrichtsstunde verwenden, zwei Stunden auf einem Blatt zusammenfassen oder nur besondere Stunden festhalten und das Blatt dann ins Lerntagebuch kleben.

9.5 Lernhefte

Ein Lernheft bietet Schülern eine Art „Lerngeländer“ für die Erarbeitung einer Fragestellung/eines Themas (für jedes Fach geeignet). Es schafft einen Überblick über die Anforderungen, die sie nach Erledigung hier abhaken oder in Stichworten notieren. Hier können sie nachsehen, welche Aufgaben sie noch erledigen müssen und was für das Thema wichtig ist. Wenn das Lernheft komplett bearbeitet ist, kann es als „Spickzettel“ für Vorträge oder schriftliche Leistungsüberprüfungen dienen. Es findet in jeder Hosentasche Platz. Je offensichtlicher seine Nützlichkeit für die Schüler ist, desto besser.

Die Schüler bekommen für die Arbeit eine Zeitvorgabe (z. B. zwei Unterrichtsstunden oder zwei Wochen – je nach Umfang) und einen Aufgabenpool, aus dem sie sich bedienen können (oder festgelegte Aufgabenstellungen). Der Lehrer hat beratende Funktion. In dem Lernheft werden also weniger Ergebnisse der Schülerarbeit eingetragen, als dass es eine Gedächtnisstütze ist.

Auf der Seite 172 finden Sie als Beispiel ein Lernheft zu einer kompletten Einheit aus einem Englischbuch. Dies können Sie leicht für deutsche Lesetexte (z. B. Kurzgeschichten), historische Quellen oder für Sachinformationen abwandeln.

Faltanleitung
Sie teilen ein DIN-A4-Blatt quer und längs in acht Felder (Muster siehe Kopiervorlage auf Seite 173). Die unteren vier Felder werden „auf dem Kopf“ beschriftet. Achten Sie dabei auf die Reihenfolge von 1 bis 8.

Nun falten Sie das Blatt einmal längs in der Mitte und dann quer in der Mitte. Klappen Sie nun auf jeder Seite die untere Hälfte hoch. Jetzt hat das Papier noch A7-Format (halbes Postkartenformat). Falten Sie alles wieder auseinander und schneiden Sie mit einem Papiermesser die in der Vorlage markierte Linie durch. Nun können Sie die mittleren vier Felder auseinanderschieben, bis alle acht in der Mitte aneinanderstoßen. Legen Sie die Seiten nun so übereinander, dass die Seite 1 oben und die Seite 8 unten ist.

Stundenprotokoll I

Fach: Englisch
name:
subject:

date:	topic:
important facts	
important new words or expressions	
my participation	
I've learned	
My "to do list"	
Things I need to ask	

Stundenprotokoll II

Fach:
Name:

Datum	Thema
Was ich mir von dieser Stunde merken werde (Fakten/Tafelbilder)	
Wichtige Wörter oder Fachbegriffe	
Meine Mitarbeit war	
Was ich in der Stunde gelernt habe	
Was ich noch machen muss	
Was ich noch nachfragen muss	

Lernheft

Thema: Lehrbucheinheit Englisch

(1) Reading

Unit: ____________

Name: ____________

Class: ____________

Date when I started: ________

Date when I finished: ________

(2)

Page: ________

Text: ____________

- ❍ I can do a mind map for this text.
- ❍ I can read the text to my partner.
- ❍ I can give it a new title.
- ❍ I can name eight nouns of the text.
- ❍ I can explain three words in English.
- ❍ I can say the first paragraph by heart.
- ❍ I can say the whole text to twenty words in writing.
- ❍ I can add ten words to the first paragraph.

(3)

Page: ________

Text: ____________

- ❍ I can give it a different title.
- ❍ I can read the numbers out fluently.
- ❍ I can name seven words of A 1.
- ❍ I can spell seven words of A 1.
- ❍ I can explain three words in English.
- ❍ I can say three sentences by heart (as in the book).
- ❍ I can give seven pieces of information.
- ❍ I have written out my own vocabulary list for this text.

(4)

Page: ________

Text: ____________

- ❍ I can draw a picture for each paragraph.
- ❍ I can give a heading for each paragraph.
- ❍ I can say one sentence from each paragraph by heart.
- ❍ I can name eight difficult words from the text and write them down correctly.
- ❍ I have written out a list of ten verbs of the text – infinitive and past tense.

(5)

Page: ________

Text: ____________

- ❍ I have written out a list of all nouns in the text in alphabetical order.
- ❍ I have counted the adjectives and written down the number.
- ❍ I can explain three words in English.
- ❍ I can tell people in two German sentences what the text is about.
- ❍ I have turned the text into a newspaper report.

(6)

Page: ________

Text: ____________

- ❍ I have a better title for the text and have written it down.
- ❍ I have found adverbs (-ly) and written them down.
- ❍ I have written down the eight words that are difficult to learn with their German meaning.
- ❍ I can explain three words in English.
- ❍ I have written out two questions and answers for the text.

(7)

I have made up a crossword puzzle of at least twelve words of text ________ on page ________ .

Or:

I have written a short poem about the text on page ____________ .

Or:

I can do a role play with my partner on text ________ .

(8)

These are my ten favourite words of Unit 1.

1. ____________
2. ____________
3. ____________
4. ____________
5. ____________
6. ____________
7. ____________
8. ____________
9. ____________
10. ____________

Lernheft

(1)	(2)
(8)	(3)
(7)	(4)
(6)	(5)

10. Erfolg
... ist Magie

Ich sitze als Beobachterin in einer Klasse von Jugendlichen, vor denen ich mich nachts auf dem S-Bahnhof Friedrichstraße erschrecken würde. Über diese Neuntklässler sagt der Schulleiter der Hauptschule: „Schwer zu motivieren." „Sie geben fast immer gleich auf", meint der Konrektor. Die Lehrerin hatte zuvor in einem Text zum Thema „Umwelt" zwanzig Schlüsselbegriffe markieren lassen. „Mal sehen, ob ihr Gedanken lesen könnt", sagt sie jetzt. Sie hat Karten mit Begriffen vor sich, hält sie für die Schüler verdeckt. Oben liegt „Regenwald". „Was lese ich wohl auf dieser Karte? Regenwald oder Kiefernwald? Wer ist für Regenwald?" Finger gehen nach oben. „Wer ist für Kiefernwald?" Einige melden sich. Die Lehrerin zeigt das richtige Ergebnis vor. Sechzehnjährige Hünen in Lederkluft, die richtig getippt hatten, springen in Fußballermanier hoch, versichern sich bei anderen Gewinnern mit Handschlag, dass sie tolle Kerle sind. Die Mädchen lassen ihre Mitschüler durch wiederholtes „Siehste! Siehste" wissen, dass sie im Besitz der Wahrheit waren. Auch die, die Unrecht hatten, warten gespannt auf die nächste Rateaufgabe. Gesichtsverlust tritt nicht ein, denn dass auch Glück im Spiel ist, wissen sie.

Ich staune und stelle fest: *So wenig braucht es, ein Erfolgserlebnis zu vermitteln.* Und zwar mit anhaltender Wirkung – denn nach der Rateaufgabe schneiden alle Schüler die Schlüsselwörter aus, fragen sich gegenseitig deren Bedeutung ab und erstellen mit den Karten persönliche „Mindmaps". Alle sind ganz bei der Sache, weil es „ihre" Wörter sind, mit denen sie arbeiten.

Erfolg haben will jeder, wir auch. Kompetenzen entwickeln sich wie Lawinen, das bedeutet für unsere Jugendlichen: Man muss erst einmal anfangen mit einem – wenn auch kleinen – schulischen Erfolgserlebnis, die hoffentlich folgende Lawine braucht einen Kern und einen Anstoß.

„Das Gehirn sagt: Ich bringe etwas zuwege, und deshalb fühle ich mich wohl. Das möchte ich öfter erleben – sonst klinke ich mich aus und gehe entweder auf standby-Schaltung oder auf Tagtraum-Reisen." (Ulrich Hermann: „Gehirngerechtes Lehren und Lernen", in: Neurodidaktik, 2006, S. 13)

„Das Anforderungsniveau muss so sein, dass man es mit etwas Anstrengung erfüllen kann." (Annette Scheunpflug: „Gefühle als Helfer", in: Friedrich Jahresheft „Lernen", S. 36)

Ein Ausbilder von mir (Claus Kenter) beschrieb das schon vor 25 Jahren wie folgt: „Der Schüler sollte denken: Das ist schwer, aber das kann ich!“

Wie lassen sich diese Ergebnisse in Aufgabenstrukturen umsetzen?

- Die Aufgabe ist völlig klar und erreichbar.
- Sie hat einen noch gerade machbaren Schwierigkeitsgrad (hier kann auch ein Glücks- und Zufallsfaktor helfen, die richtige Spannung aufzubauen).
- Das Feedback kommt sofort.
- Das Tempo ist hoch.

Die folgenden drei Beispiele ermöglichen auch in fast hoffnungslosen Fällen Kernerfolgserlebnisse (zunächst in ganz bescheidenem Umfang). Sie heißen:

- „Wisch weg!“
- „Halt zu!“
- „Bingo“

10.1 „Wisch weg!“

Kompetenz:	Texte rekonstruieren, Stichpunkte versprachlichen
Anwendungsbereich:	Textarbeit
Klasse:	ab Klasse 5
Dauer:	15 Minuten
Vorbereitung:	keine
Material:	Tafel, Kreide, Schwamm
Sitzordnung:	frontal
Sozialform:	Einzelbeiträge
Risiko:	keins

„Wisch Weg“ arbeitet mit dem visuellen und räumlichen Gedächtnis. Von einem Text an der Tafel werden nach und nach immer mehr Teile weggewischt. Trotzdem sind fast alle Schüler in der Lage, den Text zu ergänzen. Übrig bleiben Schlüsselwörter, die bei der Rekonstruktion des Gesamtzusammenhangs helfen.

Verlauf
Das Tafelbild enthält zunächst den vollständigen Text (Phase A). Die Schüler lesen ihn abwechselnd laut vor. Hier ein Textbeispiel:

Es gab einmal eine Zeit, da hatten die Tiere eine Schule. Das Lernen bestand aus Rennen, Klettern, Fliegen und Schwimmen, und alle Tiere wurden in sämtlichen Fächern unterrichtet.

Die Ente war gut im Schwimmen; besser sogar als der Lehrer. Im Fliegen durchschnittlich, war sie aber im Rennen ein besonders hoffnungsloser Fall.

Dann wischt die Lehrerin etwas weg. Das kann zielgerichtet sein (Nomen, Inhaltswörter, Stilmittel) oder einem geometrischen Muster folgen (der Schwamm wischt ein breites Kreuz weg). Die Schüler versuchen, den Text aus dem Gedächtnis zu rekonstruieren.

Phase B:

> *Es gab einmal eine Zeit, da hatten die Tiere eine . Das Lernen bestand aus Rennen, Fliegen und Schwimmen, und alle Tiere wurden in sämtlichen Fächern unterrichtet.*
>
> *Die Ente war gut ; besser sogar als der . Im Fliegen durchschnittlich, war sie aber im Rennen ein besonders Fall.*

In der dritten Phase bleibt nur noch sehr wenig Text stehen. Die Schüler rekonstruieren den ursprünglichen Wortlaut mündlich.

Phase C:

> *Es gab einmal eine Zeit, da hatten . Das Lernen bestand aus n und Schwimmen, und alle Tiere wurden in sämtlichen .*
>
> *Die Ente ; besser . Im Fliegen , war sie aber hoffnungsloser Fall.*

Als nachfolgende Aktivität kann man Schüler ermutigen, wichtige Stichpunkte oder Stichwörter in ihr Lerntagebuch zu schreiben und als Hausaufgabe den Text zu Hause schriftlich zu rekonstruieren.

Kommentar und Differenzierungspotential

Der Erfolg dieser Aktivität ist garantiert. Das übliche Bild ist, dass alle Schüler gebannt und hocherfreut über das Leistungspotential ihres Gehirns an die Tafel starren, auch wenn diese fast leer ist, weil sie mental das Tafelbild noch ablesen können. Insbesondere die vielen visuellen Lerner profitieren von diesem Verfahren.

10.2 „Halt zu!“

Kompetenz:	Begriffe lernen und richtig schreiben
Anwendungsbereich:	Wiederholung
Klasse:	ab Klasse 5
Dauer:	15 Minuten
Vorbereitung:	keine
Material:	Tafel, Kreide, DIN-A4-Blatt längs gefaltet
Sitzordnung:	frontal
Sozialform:	Einzelbeiträge
Risiko:	keins

„Halt zu“ setzt die Anforderung an die Frustrationstoleranz noch weiter herunter als „Wisch weg!“. Es ist jedoch keineswegs nur ein Verfahren für leistungsschwache Schüler. Leistungsstarke Schüler können hier leicht den Lehrerpart übernehmen. Ich habe noch nie eine Schülergruppe erlebt, die nicht positiv auf diese Methode reagiert hat.

Verlauf
An der Tafel stehen etwa zwanzig Begriffe, die zum gegenwärtigen Unterrichtsthema passen.

Es können Fachbegriffe, Vokabeln, Fremdwörter sein, z. B. das Wort „Tracheen“. Die Lehrerin bittet die Schüler, die Zahlen von 1 bis 16 untereinander auf ihr Blatt zu schreiben. Es müssen einige weniger als an der Tafel sein.

Dann gibt sie zu einem Begriff eine Erklärung („Damit atmen Spinnen.“), deckt das Wort zu und lässt die Schüler das Wort aufschreiben. Wer fertig ist, meldet sich und nennt den Begriff. Wenn es richtig ist, deckt die Lehrerin das Wort an der Tafel auf und der Schüler bekommt einen Punkt, ebenso alle anderen, die das Wort aufgeschrieben haben. Rechtschreibfehler schmälern die Punktevergabe nicht.

Wer es nicht wusste, schreibt das Wort jetzt hin, bekommt aber keinen Punkt. So geht es sechzehnmal weiter. Dann zählen alle ihre Punkte und können die Liste in ihr Lerntagebuch kleben.

Variationen
Wenn es schwierigere Wörter sind, kann man länger warten, bis man zudeckt, oder man lässt das Ende oder den Anfang des Wortes noch herausgucken.

Kommentar und Differenzierungspotential

Ebenso wie bei „Wisch weg!“ ist der Erfolg hier garantiert und durch das sehr schnelle und eindeutige Feedback (das Bild des Wortes beim Aufdecken) noch eindrücklicher. Auch die lernunwilligsten Schüler, die ich kenne, konnten sich hier ein Erfolgserlebnis holen. Tätowierte Schwergewichtler sind bei dieser Übung in Begeisterungsstürme ausgebrochen und haben sich gegenseitig gratuliert. Visuelle Lernerpersönlichkeiten sammeln hier immer Erfolgserlebnisse.

Natürlich hat diese Übung ihre Begrenzung – es handelt sich um isoliertes Wortmaterial –, aber sie bringt Lernende auf die richtige Schiene, die dann auch weiterführt.

10.3 „Bingo“

Kompetenz:	Begriffe erinnern und schreiben
Anwendungsbereich:	Wiederholung
Klasse:	ab Klasse 5
Dauer:	ca. 15 Minuten
Vorbereitung:	keine
Material:	jeder Schüler hat ein Blatt und einen Stift
Sitzordnung:	frontal
Sozialform:	Einzelbeiträge
Risiko:	keins

Beim „Bingo“ falten sich alle Schüler ein Bingoblatt, erinnern sich an Wörter, schreiben diese auf und hoffen auf den Gewinn. „Bingo“ kombiniert Gedächtnisleistung mit dem Glücksfaktor.

Verlauf

Alle Schüler falten ein leeres Blatt so oft, dass sie beim Auffalten vier mal vier Felder erhalten, also sechzehn. In diese Felder tragen sie die Begriffe ein, an die sie sich aus der vergangenen Stunde, aus einem Text, aus einer Vokabelseite im Buch erinnern. Es können auch die fremdsprachlichen Begriffe für Gegenstände im Klassenraum sein oder französische Wörter, die mit T beginnen usw. Die Lehrerin gibt die Art der Wörter vor, die Reihenfolge und Auswahl ist individuell.

Die Lehrerin nennt nun – ohne auf die Blätter zu gucken – Begriffe, von denen sie glaubt, dass die Schüler sie notiert haben. Jedes Mal, wenn ein Begriff genannt wird, den ein Schüler hat, streicht dieser ihn durch. Die Lehrerin schreibt das Wort an die Tafel, um Wiederholungen und Streitigkeiten zu vermeiden.

Wer als Erster vier Wörter in einer Reihe durchgestrichen hat, horizontal, vertikal oder diagonal, ruft „Bingo!“ und gewinnt diese Runde.

Variationen

Ein Schüler übernimmt die Lehrerrolle. Er darf eine passende Textvorlage (z. B. Seite aus dem Buch) benutzen.

Wenn Schülern nicht genügend Begriffe einfallen, dürfen sie ihre Hefte und Bücher benutzen.

Kommentar und Differenzierungspotential

Die lernintensivste Phase ist die des Eintragens, weil jeder Schüler abwägen wird, ob das Wort wichtig ist oder nicht, d. h., es findet eine mentale Hierarchisierung und Wertung der Begrifflichkeiten statt, die zu einer besseren Verankerung im Gehirn führt. Leistungsschwächere Schüler dürfen sich der Materialien bedienen und lernen so das Nachschlagen und etwas über den Nutzen von Aufzeichnungen, Büchern und Tabellen.

Der Glücksfaktor kommt mit ins Spiel, sodass nicht immer nur die besseren Schüler gewinnen.

Meist löst diese Aktivität Zufriedenheit aus (denn fast alle haben Treffer) und den Wunsch nach mehr, weil man das nächste Mal gewinnen möchte.

Schlusswort

Irgendwo muss man einen Punkt setzen, obwohl das Feld unendlich ist. Natürlich habe ich längst nicht alle Grundpfeiler eines erfolgreichen Unterrichts beschrieben. Es fehlen z. B. die Kraft der Kreativität oder die der Personalisierung. Manches fehlt, weil es schon sehr viel Literatur zu diesem Thema gibt (z. B. Ritualisierungen und Rhythmisierung), anderes fehlt, weil dieses Buch seine Begrenzungen hat oder weil ich persönlich weniger Erfahrung auf diesen Gebieten habe.

Trotzdem hoffe ich, dass Sie mindestens zwei Methoden gefunden haben, die Sie gleich ausprobieren können und wollen. Vielleicht ergibt sich daraus der eine oder andere Augenöffner – eine Veränderung der Wahrnehmung und der Perspektive.

Ist das zu wenig? Muss man nicht statt dieser kleinen Veränderungen, die ja auch Energie brauchen, alle Kräfte bündeln und in die grundlegenden Veränderungen des Schulwesens fließen lassen?

So unabdingbar ich einen Strukturwandel finde und mit Ihnen daran arbeiten möchte – es bleibt doch die Tatsache bestehen, dass wir morgen früh in unserem Klassenzimmer mit unseren Schülern, die lebendig und erwartungsvoll vor uns sitzen, „etwas machen müssen“. Wir können sie nicht auf bessere Zeiten vertrösten.

Ihre Schüler brauchen jetzt Ermutigung, sie brauchen Sie, die ihnen Lernwege aufzeigen kann, die zu ihnen passen, und sie brauchen Sie als menschliches Gegenüber. So, wie wir Lehrer die größten „Motivationskiller“ sein können, können wir auch die größten „Motivationsgeneratoren“ sein, wenn wir kraft unserer Persönlichkeit und unseres professionellen Tuns die richtigen Zugänge finden und Beziehungen zwischen Menschen und Inhalten ermöglichen.

Manchmal sind es relativ kleine Ereignisse, die den Unterschied ausmachen. Denken Sie daran, an welche Fächer und Lehrer Ihrer Schulzeit Sie sich gerne erinnern. Fragen Sie sich, in welcher der von Ihnen gestalteten Stunden Sie selber gerne Schüler gewesen wären, und bedenken Sie, wie unterschiedlich Menschen sind. Viele Ihrer Schüler nehmen anders – aber nicht schlechter – wahr und lernen anders als Sie.

Die Schulzeit, die unsere Schüler aktuell durchleben, ist ihre einzige und für uns Lehrer ist unsere Arbeitszeit ein großer Teil unseres Lebens. Machen wir etwas daraus. Jeder Schultag stellt Weichen und Lernen ist nicht auf Schüler beschränkt.

Ich wünsche Ihnen viel Erfolg.

Ulrike Handke
Berlin, im September 2016

Literaturverzeichnis

BAUER, ROLAND: Schülergerechtes Arbeiten in der Sekundarstufe I: Lernen an Stationen. Cornelsen Scriptor, Berlin 2006

BÖNSCH, MANFRED: Differenzierung in Schule und Unterricht. Oldenbourg, München 2004

BRENNER, GERD UND KIRA: Fundgrube Methoden I. Cornelsen Scriptor, Berlin 2006

CASPARY, RALF (HG.): Lernen und Gehirn. Herder, Freiburg 2006

GARDNER, HOWARD: Intelligences Reframed. Basic Books, New York 1999

GREVING, JOHANNES/PARADIES, LIANE: Unterrichts-Einstiege, Cornelsen Scriptor, Berlin 1996

HANDKE, ULRIKE: Der Mutmacher. Cornelsen Scriptor, Berlin 2004

HANDKE, ULRIKE: Interkulturelle Kompetenz als Türöffner, Braunschweig 2006

HASS, FRANK (HG.): Fachdidaktik Englisch. Klett, Stuttgart 2006

HERMANN, ULRICH (HG.): Neurodidaktik. Beltz Pädagogik, Weinheim 2006

HÖLSCHER, PETRA/PIEPHO, HANS-EBERHARD/ROCHE, JÖRG: Handlungsorientierter Unterricht mit Lernszenarien. Kernfragen zum Spracherwerb. Finken, Oberursel 2006

JAHRESHEFT DES FRIEDRICH VERLAGES XXII, 2004: Heterogenität

JAHRESHEFT DES FRIEDRICH VERLAGES XXV 2007: Guter Unterricht

JOHNSON, LOU ANNE: Teaching Outside the Box. Jossey-Bass, Education Series, San Francisco 2005

JOLLER-GRAF, KLAUS: Lernen und Lehren in heterogenen Gruppen – zur Didaktik eines integrativen Unterrichts. Auer/Comenius, Donauwörth 2006

KRONER, BERND/SCHAUER, HERBERT: Unterricht erfolgreich planen und durchführen. Aulis, Köln 1997

METHOD GUIDE. Schroedel, Braunschweig 2006

MEYER, HILBERT: Was ist guter Unterricht? Cornelsen Scriptor, Berlin 2004

OELKERS, JÜRGEN: Lehrerbildung als Konfrontation mit dem Ernstfall. Vortrag im November 2006 im Landesinstitut für Schule, Hamburg

PARADIES, LIANE/LINSER, HANS-JÜRGEN: Üben, Wiederholen, Festigen. Praxishandbuch für die Sekundarstufe I und II. Cornelsen Scriptor, Berlin 2003

PETERSSEN, WILHEM H.: Kleines Methoden-Lexikon. Oldenbourg, München 1999

REALSCHULE ENGER (HG.): Lernkompetenz II. Cornelsen Scriptor, Berlin 2001

SCHÜLER 2006, WISSEN FÜR LEHRER: Lernen. Friedrich Verlag

SCHWERDTFEGER, INGE: Gruppenarbeit und Innere Differenzierung. Langenscheidt, Goethe-Institut Internationes, Berlin 2001

SION, CHRISTOPHER: Recipes for tired teachers. Addison-Wesley Publishing Company, Canterbury 1985

SOL, Selbst Organisiertes Lernen. Ministerium für Kultus, Jugend und Sport, Baden-Württemberg 2003

Taylor, John: The Minimax Teacher, Professional Perspectives, London 2001

Ziebell, Barbara: Unterrichtsbeobachtung und Lehrerverhalten. Langenscheidt, Goethe-Institut Internationes, Berlin 2002

Register